記憶與情緒
Memory and Emotion

詹姆斯・麥高 ｜ James L. McGaugh 著 鄭文琦 譯

序一

接到靈鷲山文化出版社劉耀奮先生的電話，希望我為〈情緒與記憶〉的中譯本編寫序文，J.L. McGaugh為神經科學界研究學習記憶的大老，國內能具備資格為其編寫序文的應為台大心理系的梁庚辰教授或中央研究院生物醫學科學研究所的李小媛教授，但因梁教授接任台大心理系系主任，系務繁忙，而李教授正於國外進行研究，故只好戰戰兢兢的接下此項任務。

J.L. McGaugh曾受教於E.C Tolman（1886－1959），即是那位提倡潛在學習過程（latent learning）並證明實驗動物可利用內在的認知地圖（cognition map）解決迷宮難題的行為學派大師，然而J.L. McGaugh更有興趣於研究記憶的固化現象（consolidation），引發其研究興趣的原因，是觀察到車禍或腦傷的病患，所呈現的回溯性的失憶現象（retrograde amnesia），J.L. McGaugh進一步利用實驗動物模式及立體定位手術，探討與此現象有關的腦區，以及相關的神經化學傳導機制，並得出多項重要的發現，特別是奠定杏仁核與記憶固化現象的關連。除了他的學術成就外，更令人景仰的是其謙虛的態度，或許借用他在演講中所說的一段話，能令讀者留下深刻的印象。

「如要回顧我的學術貢獻，大概是利用合理可靠的實驗設計，並忠實地記下各項結果，我真正證明的事情並不多，事實上我卻犯下許多的錯誤，大概可以使得其他科學家節省犯錯的時間；學習和記憶的神經機制確實無比複雜，若要真正的解讀此項奧秘還有待在座各位的努力。」

儘管年事已高，McGaugh仍活躍在學術界中，近期他與Roozendaal發表多篇探討壓力荷爾蒙與記憶關係的論文，本書有別於一般學術論文，藉由散文般的敘述方式，深入淺出的介紹中樞神經系統中，管理情緒反應及記憶

的神經構造。文中不但包括歷史背景的介紹，並把重要的發現及關鍵的實驗，以淺顯易懂的方式讓讀者明瞭，不但適合研究神經科學的大學生閱讀，更可使普羅大眾對於記憶這一項神秘的現象得以一窺究竟。

呂國棟
於師大生物學研究所

序二

「暮春三月，江南草長；雜花生樹，群鶯亂飛，見故國之旗鼓，感生平於疇日…」（與陳伯之書·丘遲）。自從二十餘年前在高中國文課本和這個句子相遇，它鬼魅般地令我揮之不去。大學聯考前，我常在準備得兵疲馬困之際，心裏響起一種聲音－我多麼懷疑有著旌旗蔽空、氣定神閒號令雄兵的前世，一付狂沙熱酒的俠客肝腸，一個近乎卑微的期待征戰結束、兒女情長的想望。十餘年前，我兵馬倥傯，躊躇滿志的站在中正機場落地窗前，它的閃現好像是我的誓言。我認為民族的苦難和自己絕對脫不了干係。十年讀書，二十年磨劍，這是一朝試手、共補天裂的關鍵了。三年前，我在研究室中百般無聊地翻著說苑，他居然躍出紙面唱和著我對魏晉駢體文的憎惡。我偷偷的詛咒著醫學院教授升等的計點規則。

記憶，是康德的先驗，也是再單純不過的事件聯結。一旦你用「情」夠深地烙印在神經系統中，它就像一雙翅膀，托起你的生命飛翔。時而像強勁有力冠鳩的羽，準確的擊落小雀；時而像雨燕的羽，漫無目的塗鴉式的畫到哪，算到哪；時而像學飛時和母親失散的羽，怎麼也找不到水雲遮斷的歸途。

James McGaugh在以生理學研究記憶的形成、穩固及提取理論上，是少數先驅者之一。他嚴謹的思考體現在他實徵的科學研究中；他對音樂喜好的藝術氣質展現在他介紹記憶的淺顯生動中。我的業師，台大心理系的梁庚辰教授就是他的高足，也是Dr.McGaugh理論奠基的重要貢獻者之一。在不斷自我要求科學研究創見的掙扎中，我是那麼惡毒的希望他們不曾存在過，可是，我忘不掉！

游一龍
國立成功大學醫學院行醫所副教授

原序

　　這本書是關於記憶的形成與保留。擁有記憶是件值得慶幸的事，對個人歷史的紀錄是我們賴以生存的必要條件，任何我們對於所處世界的理解，和生存於其間的技能，都是依據經驗形成的回憶。因此，我們的所有計畫與夢想也是如此。缺少記憶的生命是難以想像的，畢竟，連想像也需要記憶。而沒有記憶的生活，根本不算是人生。

　　對於記憶的科學研究才開始一世紀有餘，業已充分證實「熟能生巧」的結論。我們都知道資訊或技巧的反覆練習能創造更強的記憶，許多教育當然也是基於這項原理，但還有另一種使經驗形成強烈記憶的方法，這也就是本書的核心焦點。這種不同方式早已為人所知，但直到近代才成為科學探索的主題。在中世紀運用書寫來保存歷史紀錄以前，必須尋找保存重大記事的其他工具；例如土地到市鎮的授與，重要的婚禮或有力家族間的談判等。為了紀錄這些事件，人們就挑選一個年約七歲的孩童，授命他仔細觀察過程細節，然後將他扔進河裡。如此一來，事件的記憶據說就銘記在這孩童的心目中，終其一生保留紀錄。

　　雖然我是最近才讀到此種中世紀記憶術的，但它之所以有效的神經學作用，我卻已經追尋將近半世紀了。我對該主題的討論，是體現在情境如何塑造動物與人類持續記憶的更大脈絡下。由於賦予記憶的腦部作用研究，多是藉著動物的記憶來探索，因此我將討論某些展現動物記憶複雜性的關鍵成果。牠們的記憶系統和我們的非常相近，儘管牠們所記憶的內容，無疑在許多方面都有別於人類的記憶。

　　許多實驗室的研究都顯示，既有著不同的記憶型態，也各自涉及迥異的腦系統活動，不過還有一種看似偶然的系統，讓那些溺水的中世紀孩童得以

形成持續的記憶。升高的情緒會啓動壓力荷爾蒙，進而刺激特定腦部系統，後者正是調節其他腦部區域最新獲得資訊的記憶固化作用。有一點壓力對形成持續記憶是好的；但是強烈、長期的持續記憶，卻不見得都是好的。還好，並非所有記憶都是天生平等的。瑣碎而創傷的經驗應該創造出有別於經久的記憶，事實也正如此。引發強烈情緒起伏的經驗可能導致創傷後壓力症候群，此外，充分可信的證據顯示，擁有超強記憶的個人卻過著特別不得志的生活。選擇性之於記憶的創造，具有極其關鍵的地位。對我們大多數人來說，與生俱來的神經系統便自動提供了所需的選擇性，我們的經驗回憶，傾向和其情緒重要性成正比。

這本書是為了廣大讀者而寫作的，書中處理到家族成員、朋友、鄰居與同事曾向我提出關於記憶的疑問。因此，我希望任何對記憶的本質與基礎感興趣的讀者，皆能感受到本書的資訊性與實用性。我在許多場合裡被問及寫作的動機，有個簡單的回答是，史提芬‧羅斯（Steven Ross）要我為他主編的「心智的地圖」（Maps of the Mind）系列寫一本書，我要感謝史提芬邀請我接下這項任務。另一個簡單的回答是，我發現回答「是」比較容易，此外寫一本以記憶為主題的書，這項挑戰也使我著迷。它讓我有機會整理本人近半世紀來，研究記憶固化的精華所學，並將這些與眾多其他實驗室的發現加以整合，探討壓力荷爾蒙與腦系統在創造個人歷史持續紀錄上的功用。

我要感謝我的學生和其他的研究夥伴，不論過去或現在，因為他們對書中所討論的成果與觀念都有舉足輕重的貢獻；感謝諾恩‧魏恩伯格（Norm Weinberger），賴利‧卡希爾（Larry Cahill）、伊凡‧伊茲基耶（Ivan Izquierdo），及阿葉‧魯登伯格（Aryeh Routtenberg）對初稿段落的建議。我要感謝南茜‧柯雷特（Nancy Collett），耐心而細心地協助逐章準

備繁多稿件。最後，我要謝謝我的內人，貝琪，對於許多章初稿的建言，以及她的持續鼓勵。

詹姆斯・麥高（James L. McGaugh）

目錄

❶ 記憶的奧秘

　　我正站在後台，密切地注視著台上演出的同場演員，並等待那句提示我該上場的台詞。我聽見那句提詞了，然後沒來由地恐慌起來：我不記得我的台詞了——半個字也不記得；此時回想已經太晚了，我就要登上舞台了。種種念頭飛快閃過，最好的做法就是醒來，這樣我就能脫離這一幕了。這正是我所做的，每當這個夢再度出現時，無助的我仍對自己在戲中的角色毫無所悉，而我登場所需的記憶也始終沒有出現。

　　這個特殊的夢相當怪異。從孩提時代到研究所，我參加過許多戲劇、樂團與管絃樂隊的演出，而且總是有能力掌握與記住我參與的部分：記憶從未失誤過。在大學的前幾年，我主修戲劇與音樂，或許是那時緊繃的學習和記憶壓力，造成了足以干擾我睡眠，甚至持續到平日（更確切地說，是夜間）的影響，激發我對於記憶運作的後續興趣。我總是有新的台詞要記，甚至到了彩排期間才改寫的場景對白，也永遠有新的內容要學習、記憶，以及，最後演出。幸運的是，不像我在夢中的經驗，演出所需的記憶總是沒有消失。雖然令人好奇，我的夢仍傳達了一個嚴肅的訊息：記憶對人類的存在絕對是迫切的。沒有了記憶，我們就無法按計畫登台——就此而言，或去任何地方——甚至想像去任何地方。

　　我們都在某方面對記憶深感興趣。不管我們想知道為什麼遺忘、如何增強記憶以及避免衰退，或單純想了解它是什麼以及如何運作，記憶都是影響重大而觸動我們的主題。表演者想知道他們為什麼「怯場」，遺忘原本應該表演的內容，教師和家長想理解如何改善學習及其成效——即學生的記憶；那些遭遇創傷症候群的患者渴望遺忘，老人和他們的家人則擔心記憶病變的癥兆與後果。我們不時質疑自己為什麼忘記車鑰匙或眼鏡擺在什麼地方，又

為什麼知道自己對某些事還有印象，只是一時想不起來（但是無疑將在稍後想起來）。健康食品店的層架上擠滿宣稱增強腦力與提升記憶的草藥補品，為我們對記憶的焦慮與擔憂提出驚人的可靠依據。製藥與生物技術公司之間，競相開發治療真實（或想像）的記憶衰退症狀的強力藥品，也是另一個我們對記憶有強烈興趣與關注的具體徵兆：我們願意為記憶花大筆鈔票。

這並不令人意外，因為記憶當然值得付出代價；無庸置疑的，它是我們最重要的資產，也是我們最致命的本能。畢竟，我們「就是」我們的記憶。我們的記憶使我們得以重視我們擁有的其他資產，要是沒有記憶，我們就沒有餘力憂慮我們的心臟、頭髮、肺臟、性、愛、仇敵、成就、失敗、所得或所得稅了。我們的記憶讓我們正確地理解並回應變遷的經驗，記憶就像是個人經驗的「黏著劑」。我們無時無刻都在活出自己的生命，每段瞬息萬變的過去經驗都像組成動畫影像的個別鏡框一樣，融合成現在的當下體驗，以創造出我們的生命天衣無縫的連續印象──過去、現在與未來的集合體。

就最根本的意義而言，記憶是經驗的持續結果；但顯然不只如此，因為曬傷、水泡和結痂也可以這樣說。更精確地說，記憶是某種經驗的「學習」結果──也就是說，吸收新資訊的後果。我們學習並記憶各式各樣的資訊，我們記得生命裡的特定事件，我們記得事實而不用知道在何時或何地習得它們，我們也操作我們甚至不知道自己還保留著的技能。舉例來說，你記得什麼是腳踏車，你可能記得你的第一輛腳踏車，和你騎著它，或許曾在某個場合裡摔下來。你可能也記得怎麼騎腳踏車，而你更記得「記憶」和「腳踏車」這兩個詞在前面的文句裡出現好幾次。研究顯示了大腦作用賦予這些不同類型的記憶能力：普通常識、個人事件的自我回憶、技能和最近的記憶，

這些不同型式的記憶共存於我們的一般經驗和行為裡。在（運用所知的技能）騎腳踏車的同時，當然，你還可以記得「腳踏車」這個詞，想起上次騎腳踏車的經驗。你也可以記得讀過這節關於「腳踏車」記憶的文字。我們的腦有著非常神奇的整合能力，能將我們過去經驗和現在的經驗結合起來，創造出我們的思想和行動。它們是怎麼做到這點的，則是最難解的科學謎題之一，然而記憶將不再是個謎。本書所討論的研究發現，明確地指出這團迷霧已經逐漸消散了。

不是遠在天邊

記憶，我們最寶貴的個人能力，累積至今只有一世紀多的研究。相較之下，距離我們如此遙遠的恆星和行星，已經被科學家研究好幾百年了，心理科學從哲學與生理學中獨立出來，還是十九世紀下半葉的事情。在我大學時代的後期裡，隨著對記憶的興趣加深，我成為「哲學心理學系」的學生。我認為這個系名始終反映出某種隱密但持續的懷疑論，即心智的作用，例如記憶，應是科學探索的適切主題；又或許把這種學科放在哲學的領域裡是比較好的，或乾脆兩邊都下注。研究遠在天邊的星體則完全不需要哲學的約束，天文學可以大方地拒絕地球中心論的預設結論，但探索人類存在方式的核心，卻完全是另一回事，而且在某個程度上依舊如此。

心理科學的起源是研究成人常態心智的內容。運用內觀（introspection）——亦即心智作用的自我陳述——進行調查和分析。批評者的論點相當貼切，這種研究方法注定缺乏客觀性，也就是科學分析的基本準則，而該種敘述分

析也不通往實驗研究。當然這種批評是正確的，純粹主觀的內觀方法肯定不適於記憶的科學研究。缺少某種客觀評量的工具，如何能夠得知，我們對於自身記憶的主張是否屬實？你當然可以質疑，我宣稱記得聽過林肯發表蓋茲堡演說，或者我可以一字不漏（或一拍不漏）地背出莎士比亞的所有劇本這種記憶之正當性（如內觀式的記憶）。我冒昧揣測，你還可以質疑我是否真的記得我在大學時代背過劇本的所有台詞。我們都知道，正如我將在本書後半部延伸探討的，我們的記憶並不完美，它們是不可靠的。關於這種說法的推託之詞更不在少數，「在所有謊言裡，最悅耳、最真實的就是記憶。」因此，客觀分析對於記憶的研究是必要的，正如對天體的研究。幸運的是，有許多客觀的方法可以確認我是否記得我所宣稱的記憶，就像有許多客觀的方法可以研究遠在天邊的行星與恆星一樣。

到卡內基音樂廳的路怎麼走？

"I have been here but a little while but have come, full of devotion, to meet and know a man of whom the world speaks with such reverence."

以上是我還記得，當我是大學裡的新鮮人時，參與《浮士德》戲劇演出的某句台詞。我對於該台詞的記憶精確度，當然可以藉由重讀劇本而核對——那就是某種研究記憶的客觀方法，但也許那其實完全不是劇本裡的一行台詞。若是精確（我保證我沒有去核對正確與否），它將多少佐證了經過充分學習的資訊得以充分回憶，然而充其量也只是個薄弱的證明。德國心理學家赫曼‧艾賓浩斯（Hermann Ebbinghaus, 1850-1909）於一八八五年發表的先驅研究，是

第一個告訴我們如何證明記憶可以藉由實驗研究予以客觀調查的。艾賓浩斯把自己當做研究學習和記憶的對象，他引入並運用某種「無意義音節」，即「子音—母音—子音」三個字母相連的非德語系音節，來讓熟悉材料的影響力降到最少。他藉由覆誦記憶許多串音節，直到記住，就像他說的「背下來為止」。經過一段時間以後，他再根據重新記住該表所須覆誦次數的減少，來測量自己的計憶。

任何人若想建議怎麼去卡內基音樂廳，就知道要學習詳細、準確的複雜資訊與技能，都非常需要練習、練習、練習。艾賓浩斯當然也能提出這種建議，因為他發現學習不夠的素材很快就被遺忘。然而，他也發現學習強度增加了隔天測試的記憶強度，以及反覆每天覆誦大幅強化接下來那天的記憶。儘管這些都不是特別令人驚訝的發現，從科學與實證的角度來說都非常重要。艾賓浩斯的發現平息與駁斥了一個普遍認知的觀點，那就是如記憶力之類的心智功能，無法藉由客觀的實驗方法加以研究。他的先驅研究奠定了研究記憶的基礎，也對於初期調查教學效果的程序等研究影響深遠。所以為了考試而「囫圇吞棗」是一種顯然無效的學習方式，這應該一點也不出乎意料。光是這項資訊，就對想要增強記憶力的人意義深遠，以科學根據的術語而言，艾賓浩斯的結論所提供的建議，幾乎都優於健康食品架上那些啟人疑竇的草藥補品標示。為什麼我們能期望對學習不足的內容過目不忘？大多數宣稱自己「記憶力不佳」的人，只是想找一個沒什麼說服力的藉口罷了。

再談到艾賓浩斯對「用心默記」此一陳述裡的某個用字看法。當然，我們現在得知，而他那時也肯定知道，他是「用腦」而不是「用心」記的。我們能夠諒解他為何選擇「用心」一詞，因為儘管從哈維證實心臟只是血液的

循環幫浦以降，到現在，轉眼又四個世紀了，我們仍然使用這個引人爭議的表達方式——它源出於某種古老而有缺陷的記憶生理假設。正因為記憶還有許多尚未釐清的地方，我們正在使用的，有關大腦與記憶的不完美假說，也唯有等待將來審慎的研究與科學整合方能剔除。

意義與記憶

「我記得看見機翼與機身的碎塊，像玩具般散落在顛簸的地面上。我記得看見行李與衣物的殘骸。我還記得筆墨無法形容的，破碎與肢解的身體。災難有其銘記在回憶裡的形式。」

（《洛杉磯時報》2000年2月2日）

雖然重複是一種製造強烈與持續記憶非常有效的方法，但也不是唯一的方式。就更好或更壞（也可以是兩者兼具）的情形，高漲的情緒經驗也是永誌難忘的。前面引述的回憶，就是數十年前的某次空難；顯然，說這些話的人對於目擊空難現場之前或之後數周內的事件，即使能夠記得，也不太可能記得這麼清楚。我們都對情緒高漲經驗擁有持續的記憶，倒不需要強烈到像目睹空難現場所引發的那類情緒起伏。樂透彩或諾貝爾獎的得主肯定也記得在他們得知好消息時，身在何地或做些什麼。我們都傾向記得讚美與窘困，成就與挫折，婚姻與離異，出生與死亡，生日與節慶，以及其他有意義的事件；對美國人來說，九一一只不過代表一個緊急求助的電話號碼。但發生在二〇〇一年九月十一日的事件，卻創造一個足以在全世界的百萬人類腦海裡終生持續的記憶。這些顯然不是那種輕易褪色的回憶。

　　為什麼某些記憶，或許大部分記憶都會褪色，反之，其他特殊經驗的記憶卻得以保留？為什麼觸發情緒的經驗是容易保留的？這是本書將要探討的核心議題，但在發問之前，我們也須先找到所留存記憶為正確的證據（連同所有關於記憶的問題）。自己宣稱記憶為真，當然不構成其為真的證明：我們還需要證據，而對這類記憶強度可能合理的替代解釋，也必須加以審慎考慮。舉例來說，正如強烈情緒經驗通常回憶頻繁，因此重複溫習經驗導致記憶歷久不衰的可能性，也不該輕易排除——也就是說，甚至不排除這種特殊經驗的「艾賓浩斯」效應。然而，我在本書後面也探討到，大量證據指出引發情緒經驗不必經過溫習，就可以記得很清楚。記憶重大情緒事件的能力，具有很重要的適應意義：危險與可怕的處境必須盡量避免；成功經驗的記憶則協助創造未來的成就。幸運的是，對人類和其他動物而言，這種激素與大腦系統的適應功能是經過情緒經驗的激發，而自動提供的。這種適應性的作用不需要艾賓浩斯的理解過程。

　　相對於重複練習與情緒激發對記憶成形的具體與關鍵影響，日常生活裡的平凡經驗，遺忘大多難以避免；雖然我們不常思考這方面的問題，但這種遺忘的能力也很重要。大部分回憶並不珍貴，我們通常不需要記得上個月某一天把車鑰匙放在哪裡，或者我們上禮拜二吃什麼早餐；而且，多數也不記得：我們生命裡的瑣碎記憶通常淡忘得很快。雖然像目睹飛機墜毀這類不尋常的創傷經驗，具有強烈而持久的記憶，但它們也不是不可磨滅的；或許，對於大多數這類經驗來說，也還好記憶不是歷久不衰的。重大災難的「印記」效應，也和尋常生活經驗的記憶一樣，將多少隨時間而消逝，沒有例外。不過關於駭人的創傷記憶，消逝跡象可能需要數月、數年或數十年之久。

　　由於我們對神經生理系統創造回憶的理解，皆來自於動物記憶的研究，因此不可缺少的是，首先要考慮到如何研究動物的記憶。我們必須知道，如何探索動物所「認識」的先前經驗。這些工作相當複雜（但也因此更為有趣），因為記憶有許多型態，也因為動物的記憶無法直接觀察，而必須透過行為來推斷，要動物告訴我們牠們記得哪些事情、或忘了哪些事情，可不是一件容易的工作。現在我們就來探討這個主題吧。

❷ 狗、貓、黑猩猩與老鼠

習慣和記憶

　　我們的記憶以不同的形式存在著。威廉·詹姆斯在一八九○年那本極有魅力與影響深遠的專論《心理學原理》（*The Principles of Psychology,* **William James**）中，他第一次提出有不同形式的記憶存在。他對於不同記憶形式的洞見，即使到了今天仍是許多記憶研究的焦點。他區分了「初級記憶」（primary memory）和「實質記憶」，或說「次級記憶」（memory proper, secondary memory），前者是指經驗後立即發生的記憶，後者是經驗在日後的回憶。今天「短期記憶」（short-term memory）和「工作記憶」（working memory）這些詞指的是最近經驗的記憶，「長期記憶」（long-term memory）所指的是對特定事件的持久清晰記憶（事件記憶 [episodic memory]）或對事實構成之普遍常識的清楚知覺（語意記憶 [semantic memory] *Elements of Episodic Memory,* **Endel Tulving**）。有趣的是，詹姆斯還討論到習慣，加強練習後的記憶產品，即他視為學習的反射作用，另外放在其著作的較早一章裡。他寫道：「當我們觀察活的動物時……令我們震驚的第一件事就是牠們都是諸多習慣的集結……在養成習慣的動作裡，每次挑動新的神經收縮，依照預期的順序發生的，不是某個思緒或知覺，而是上個結束的肌肉收縮引發的感覺。」

　　任何學過打字、滑雪或駕駛的人都知道，大致看來，詹姆斯至少部份說對了。複雜的動作最初要求方才發生的清晰記憶，以及接下來怎麼做的最後計畫，經過充分練習後，變得相當輕而易舉，而且可以同時思考或做其他事，又表現得還滿正確的。我們也知道，肯定有許多駕駛在高速公路上駕駛時吃東西、用手機聊天、應付不聽話的小孩，有時候甚至閱讀。當然啦，在高速道路上，光是還「滿正確的」是不夠的。

狗和貓的習慣（與遺忘的記憶）

習慣當然需要記憶，但是它們和其他記憶形式是不同的。理解習慣與其他記憶形式如何不同、或有哪些不同，以及其間差異基礎的努力，正是當前記憶研究所聚焦的重心。然而，十九世紀的尾聲卻標示著，將所有學習都當作反射或慣性的收縮力量。記憶在接下來的半世紀大多（但非全部，我後面會討論到）遭到遺忘、忽略，或鄙棄的下場。甚至在七〇年代，有個期刊編輯警告我，在我投稿發表的論文上，應該用「留存印象」來取代「記憶」這個用詞，因為「記憶」被認為是太心靈取向了，所以不適合科學發表。雖然「記憶」這個詞的使用逐漸再度浮現，但在那時候仍受到某種程度上的維多利亞式羞辱。

為了理解最新的記憶研究，起碼知道一點歷史是很重要的；一切都要從狗和貓開始說起。蘇俄生理學家帕夫洛夫在十九世紀尾聲，用犬類展開他的「古典條件制約」（classical conditioning , I. P. Pavlov, *Conditioned Reflexes* [條件反射] 1927）研究。同時美國心理學家，威廉‧詹姆斯的門生，桑代克也用貓類進行他的「工具性」習慣養成（E. L. Thorndike, *Animal intelligence: an experimental study of the associative processes in animals* [動物智慧：以動物為對象的聯想作用實驗研究], *Psychological Review* [心理學評論] 1898）研究。為什麼這些科學家，及許多追隨者均利用動物來研究學習？在十九世紀的蘇俄，生理學研究源於相關反射研究與理論的深厚傳統。對於該傳統訓練出身的帕夫洛夫來說，用狗來研究制約反射行為，是先前研究反射消化作用的自然結果，後者替他贏得了諾貝爾獎。在美國的動物學習

研究，則是源於完全不同的動機。十九世紀陰魂不散的內觀心靈主義，顯然必須加以驅魔；行為的研究，即後來所謂的「行為主義」（behaviorism）和以動物為實驗對象，在當時看起來，似乎提供了驅魔的管道。畢竟，雖然你可以要求你的狗或貓告訴你牠們的記憶，但你想必無法獲得直接的答案吧，然而，透過純屬行為的反應，已學習行為的學習和「留存」（請注意我不是使用「記憶」這個詞）就可以被客觀地研究。就「行為主義」而言，貓狗不能自己發言的事實就算不是必要的，也是有利的條件，因為這可避免心靈或擬人化觀點的影響。對此持疑者可能會說，這有點像因噎廢食，即使艾賓浩斯已經證實，以人類為主體的學習與記憶可以客觀研究（也就是說，與知覺意識沒有關係），動物的學習研究仍在二十世紀初迅速成為學術舞台的焦點。帕夫洛夫與桑代克對於學習的研究方法立刻被認可，並打下穩定的基礎。我將在後面討論到，這在某方面來說是幸運的，因為實驗動物隨即被普遍應用在學習與記憶的神經學探討上，而許多現代實驗也採用諸如帕夫洛夫和桑代克所創始的那些訓練程序。

雖然在學習的客觀評量上是類似的，帕夫洛夫與桑代克所提出的程序與理論詮釋卻極為不同。帕夫洛夫的實驗方式眾所週知，甚至經常是卡通的題材，但這些卡通當然沒有精確地反映這些發現的實驗過程或精華特質：畢竟卡通只是卡通。在標準的帕夫洛夫實驗裡，某隻套在挽具裡的狗，先接受一項因素的刺激，如一個黑色方塊，然後供應食物。食物會激起尚未學習、或「未制約」對象的唾液分泌反應。在幾次對照實驗後，前述的中性刺激就變成「制約的刺激」，或餵食──「未制約的刺激」──的訊號。因此透過兩組刺激的連結，實驗狗也變成對黑色方塊的刺激分泌唾液。很明顯的，狗的反應代表牠學到了某個刺激提示另一個刺激的事實。有位帕夫洛夫的助手，

史納斯基（Snarsky）迫不及待地詮釋成，這些發現證明實驗狗的「……精神活動，也……想必涉及動物的思想、渴望，和情緒。（他）頑固地堅持他對於現象的主觀擬人詮釋，最後終於離開帕夫洛夫的實驗室。」（*Experimental Psychology and Other Essays*, **Pavlov**, *1957*）。

對史納斯基（或許也對我們）來說，很不幸的，帕夫洛夫得到完全不同的結論。他認為條件制約反應應該是——

我們對自己或動物在「訓練、紀律、教育、習慣」這些名稱下所認知的：它們只不過是限定的外在刺激與其對應行為之間的連結。因此，條件制約反應為生理學家開啟了調查相當多、更可能是整體神經活動的一扇門。（Pavlov, 1927）

我們現在得知，帕夫洛夫認為條件制約只是塑造條件的觀點是過分簡化的，坦白地說，我們也將看見，這是不正確的說法。然而，它之於過去及當前學習理論和研究的影響，怎麼說都不為過。此外，帕夫洛夫認為條件制約反應將開啟神經系統探索，特別是與學習有關的神經作用的觀點，已經充分證實了。

我們之中，那些向來受制於貓的飼主，可能難以想像利用帕夫洛夫的實驗過程來訓練貓。要牠們套上挽具，就和將牠們趕在一塊是一樣不適合的。因此，桑代克利用不同於帕夫洛夫用的訓練程序也毫不意外。桑代克將一碗牛奶放在籠子旁來訓練貓，只有在貓作出特定的反應時，才得以脫困喝到牛奶，例如，去按某個門閂或扯某條繩索。因為貓的反應成為回饋的工具，此訓練程序遂博得「工具性學習」的名稱。桑代克將自己的發現詮釋為指示正

確反應的結果，換言之，獎勵，直接作用並自動強化了刺激情境與某任意發生反應之間的連結——於是，歸納出獎勵透過強化「刺激—反應」（stimulus-response, S-R）的連結創造習慣，桑代克稱此為「效果律」（Law of Effect）。帕夫洛夫得知桑代克的發現和結論後，便和他自己的實驗結論拿來作比較，也就是刺激之間連結（亦即刺激學習）獲得的條件制約結果，和獎勵（食物）之於未制約反應（分泌唾液）的作用；但對兩者來說，訓練都創造出習慣。儘管兩者皆不用這麼確切的陳述，對帕夫洛夫和桑代克而言，訓練的記憶就是習慣。不同於詹姆斯的是，帕夫洛夫與桑代克都未替「記憶」另文探索，因為依照他們的理論觀點，這根本是多此一舉。記憶不見了，習慣就足以充分說明了學習。

姑且假設單純行為學習可以，實際上，由生理反射的習慣所組成，那麼顯然比單純的反射複雜許多的學習（確實，大部分的學習皆如此）又怎麼說呢？最極端的說法是，美國心理學家約翰・華特生（John B. Watson）提出複雜習慣只是由一連串單純的反射行為所構成的（'Psychology as the behaviorist views it '，*Psychological Review*, [心理學評論] *20, 1913*）。他舉例說，思想僅僅是可藉由研究喉頭肌肉加以分析的無聲言語。儘管這似乎引發一個根本的疑問，最起碼，對於非由言詞構成或無法以語言表達的回憶（更不用提到語法的必然與複雜議題）來說，這個問題在當時並未能限制住熱誠十足的華特生行為學派，倒是，為數不少的持疑者，戲稱華特生的理論為「肌肉抽動主義」（muscle twitchism, *Purposive Behavior in Animals and Men* [動物和人類的目的性行為], **Tolman E. C.** *, 1932*）。

習慣是學習的組合之說，後來在克拉克・霍爾影響廣泛的作品裡達到頂峰。他的著作《行為論》（*Principles of Behavior*, **Clark Hull** *, 1943*）總結了他數十年來

的研究（主要是針對老鼠的習慣學習）結論，並用具體的理論來呈現之。這不是什麼審慎的承諾，他在序裡這樣寫到：

> 這本書企圖呈現的⋯⋯最主要，或根本上，是行為的主要原理。它所書寫的假設是所有行為，含個人和群體的、道德和敗德的、正常和精神病的，都是產生自某些相同的基本法則，而客觀行為表現的差異，只是習慣所建立與行使的不同養成條件使然。（霍爾,1943）

正如某章附標題點出，霍爾的著作旨在成為「對抗擬人的主觀論點的預防之道」（霍爾,1943）。依照霍爾的觀點，真實或想像的十九世紀陰魂根本尚未除淨，而且他還視貫徹驅魔為己任。在本質上，霍爾的學說結合了帕夫洛夫和桑代克的看法，提出刺激－反應習慣正是根植於獎勵的強化效果（即「效果律」），並認為所有學到的行為都是由這種「刺激－反應」習慣所構成的。霍爾的學說不需、更不容記憶的概念置喙。

黑猩猩與老鼠的記憶

「刺激－反應」真的提供了學習行為的充分解釋嗎？在六〇年代中期，加州柏克萊大學的心理系畢業生，每年都製作一齣音樂劇來嘲諷當代理論。我們那次難忘（至少對我如此）的心血結晶是一首用「我在鐵道上工作」的曲調改編歌詞，約莫是這樣寫的：

我相信我肉眼所見的刺激和反應。

刺激和反應對我來說都很足夠。

讓我們忘記知覺吧，記憶也不足珍惜。

如果對刺激和反應不成立，想必也不存在。

「刺激－反應」學說雖然受到數世代的普遍接納，但它越來越面臨一些令人窘迫不已的發現的挑戰——特別是一些不符合這項理論解釋的發現。在帕夫洛夫和桑代克影響力極盛之時，有一個叫做沃夫岡・庫勒（Wolfgang Köhler）的德國心理學家，在他對黑猩猩學習的研究之中，找不到任何支持嘗試錯誤習慣學習的證據（*The Mentality of Apes*, **Wolfgang Köhler** , 1925），此外，他更發現極富洞察力的學習證明。當他在牢籠底部隨意放置箱子，並在頂部懸掛一串香蕉時，黑猩猩就會把箱子堆疊起來，以利取得香蕉。當棍棒改為散置在底部，並將香蕉掛在籠外的時候，黑猩猩就會試圖用棍棒來搆到香蕉，甚至，試圖將不同棍棒連起來，藉以搆到那些放在遠遠超過單一棍棒可觸範圍外的香蕉。動物顯然可以掌握物體之間的關聯性而學習，並且運用這項資訊（即記憶）來克服困難——這結論顯然違背「效果律」：因為此處的學習是發生在獲得獎賞以前。

此外，越來越多證據顯示帕夫洛夫學說和工具性制約反應，不只是基於反射動作的習慣。例如，有位腦部作用與記憶的先驅研究員（最好玩的是，他也是約翰・華特生的門生），卡爾・賴敘利，進行一項直接而驚人的實驗來測試對華特生的學說：複雜的學習純粹是建立在一連串條件制約的反射基礎上（'The survival of the maze habit after cerebellar injures', *Journal of Comparative Psychology* [比較心理學

期刊] 6, Karl S. Lashley & McCarthy, D. A. , 1926）。賴敘利先訓練大鼠走迷津，然後在每隻的小腦上造成某個嚴重的傷害，這是一個眾所皆知負責運動功能的腦部重要區域。雖然腦傷重創牠們的運動能力，但並未摧毀牠們關於迷津的記憶。實驗鼠仍能蠕蠕前行，甚至在某些案例中，蹣跚地爬出迷津的正確路徑。顯然，大鼠走迷津的學習結果，並非單純由「刺激－反應」的鏈結所構成的。

帕夫洛夫認為制約純粹由學習到的反射行為所構成的觀點，同樣遭遇許多實驗的挑戰。在帕夫洛夫實驗室的大多數實驗裡，狗是在佩帶挽具期間進行「制約」以及測試；在某個場合裡，有隻已用食物訓練過的狗（利用分泌唾液的反應得知），被卸除身上的挽具。當制約訊號發出時，「這隻狗立刻衝向訊號裝置，對它猛搖尾巴，企圖撲上去、狂吠不已等等。換句話說，這幾乎足以明確顯示，整套行為模式的系統只是為了……乞討食物……它其實就相當於，這個古典實驗制約的整套系統目的。」（'Innate bases of learning', Lorenz, K. 作｜*On the Biology of Learning*, Pribram, K. 編 , 1969）

在另一個古典的條件制約（但不是帕夫洛夫的實驗室所進行的）實驗，有一隻綿羊在經過充分訓練後，被侷限在一副挽具裡，當某個先前與腿部電擊同時發生的訊號出現時，就會彎曲牠的前腳。然而——最耐人尋味的是——這隻羊在挽具改置背部與訊號出現時，表現出完全不同的反應：「……前腳不但沒有彎曲，而且牠僵直著四肢，企圖將頭抬起來。」（'The conditioned reflex', Liddell, H. S., *Comparative Psychology* [比較心理學], Moss, F. A. 編 , 1942）想必理所當然要問：這隻羊先前建立的「反射習慣」，出了什麼差錯？這個習慣消失了，然而實驗羊所記憶的訊號表達，並沒有跟著消失。

　　從三○年代開始，持續至六○年間，美國心理學家，愛德華‧托爾曼掀起了反抗「刺激－反應」習慣學習論的高峰。在他那本名為《動物和人類的目的性行為》（*Purposive Behavior in Animals and Men, Edward C.* **Tolman** *, 1932*）的挑釁之作裡，他觀察到甚至老鼠都能得到明確的認識（亦即，認知），並依照不同的目的性，靈活地運用（而非反射性地操作）。他也是一位行為主義者，有著強烈的反內觀主義色彩。「認知」和「目的」不是衍生自擬人化的內觀術語，而是應該說，從老鼠的行為導出的客觀觀察。他主張學習行為的分析應聚焦於他所說的「分子式動作」（molar act），而不是在反射上。用托爾曼自己的話是：

　　老鼠走迷宮，貓破解迷津，男人開車回家吃晚餐，小孩躲避不認識的人……心理學家背誦無意義的音節表……這些都是行為……值得特別去留意的是在於，其中沒有一個我們所提到的，或者，我們不得不紅著臉承認，甚至在絕大多數已知的情況下，一切都只是其中所牽涉的肌肉與腺體、感受神經，以及運動神經罷了。（愛德華‧托爾曼, 1932）

　　對於刺激—反應學習觀點的直接挑戰上，托爾曼和他的學生證明走迷津學習不需要任何獎勵。在一個被他命名為「潛在學習」的經典研究裡，他把老鼠放在一個沒有任何獎賞的迷津裡實驗，如此連續好幾天，錯誤次數都沒有減少（走到無路可走）──也就是說，牠們的表現沒有任何學習的跡象。然而，這些老鼠顯然仍從先前沒有獎賞的訓練實驗裡，學到並記住關於迷津的資訊。後來，當每天的迷津實驗以食物為獎勵時，老鼠的表現立刻改善了，而且足以媲美那些每天都用誘食訓練的實驗鼠。這些發現違反了「效果律」，而且，最終（在數十年之後），導致其否定與霍爾學派影響的式微。儘管獎勵可以影響我們和其他動物的行為，如今已經相當清楚了，它們的作用並

不是透過自動強化「刺激—反應」連結而造成的。因此，「效果律」業已躺在博物館裡（這裡原文指的是史密斯桑尼亞學院），與其他有趣但錯誤的過去學術遺跡並陳，就像用雙簧管的簧片（吹嘴）吹奏的低音號一樣。但它絕對不在任何現代學習和記憶的理論之列。

　　從十九世紀末到二十世紀初，關於行為的本質與成因的思索與理論，也強烈受到其他當代文化、科學與科技領域發展的影響。玩偶與機械玩具（機器人）預先設定特定動作的呈現屢見不鮮，電報與電話讓溝通得以透過特定電纜的連接與轉接方式而實現，砲彈射入空中的軌道也是先經過計算而決定好了。舉例來說，霍爾就建議以下思考是有益的：「……視行為器官為完全自動運作的機器裝置，盡可能思考由不同於我們的材料所構成，（而且）……視行為動力上的各個根本問題，必須在真正自動運作的機器設計上解答之。」（霍爾，1943）目的性的說法，有目的導向的機械簡直——這麼說吧，難以想像。今天情況則不然。我們身邊充斥著各種具有目的導向的儀器——它們可以自行更改關於某些定點的活動狀態，就此意義而言。矛盾的是，電腦的研發，原本是用來計算彈道的軌線，它們卻有無可限量的潛能，於驅動我們的現代儀器去彈性地回應變動的外在條件，並與特定的結果有關。假如機器的動作都可以有目的性，當然狗、貓、黑猩猩和人類可以導出目的性的結論，應該也是沒有爭議的。依照目的而行動的能力，顯然需要記憶的幫助：光靠習慣是無法辦到的。

　　走筆至此我必須坦承，我曾是托爾曼的學生，（通常被稱為「托爾曼學派」，偶爾又叫做「托爾曼迷」〔譯註："Tolmanian" 與 "Tolmaniac" 皆為衍生自「托爾曼」的形容詞，皆可稱為「托爾曼的」。但後者的字尾 "-maniac" 本來有瘋狂的意思，故別譯為托爾曼迷

]）還曾擔任他的助教。作為一位合乎體統的新英格蘭人，他的課堂討論總是既公平、又克制地對其他當代的學習觀點一視同仁，但在一堂評論「刺激－反應」論限制的課上，他指出，在介於Ｓ（刺激）與Ｒ（反應）的組織之間缺少最重要的認知過程，最少應該插入一個Ｏ（即「有機體」）。不但如此，由於是為行為的表現而非肌肉抽動的反應，Ｒ應該改成「行為」的縮寫Ｂ。於是乎他帶著一絲詭詐的微笑（當然，也帶著新英格蘭式僅存的歉容），將縮寫Ｓ－Ｒ的「刺激－反應」論改成ＳＯＢ（譯註：啜泣）理論。

　　在討論學習理論時，帕夫洛夫經常被人和桑代克連在一起，因為他的觀點是由反射習慣構成的，但是回顧起來，帕夫洛夫更適合與托爾曼連在一起談，因為托爾曼和帕夫洛夫一樣，主張學習是由刺激之間的連結構成的，或者刺激－刺激之間的學習——同樣的，用托爾曼的話來說，就是學習「什麼導致什麼」。目前依舊廣泛流傳與認知的帕夫洛夫制約觀點是，某個中性的刺激，在與另一個未經制約的刺激組合後——即某個已經引發特殊反應的刺激——就會引發同樣的反應；不過就像羅伯特・瑞斯科拉的論文題目所指出的：「帕夫洛夫條件制約，並不像你以為的那樣。」制約並非全然由某個刺激的反應移轉到另一個，或者全由學習中性事件與有意義事件的關係所組成的。它是「……接受在環境中的事件關聯，所導致的學習結果。這類學習是有機體藉以表現其世界構造的主要方式。」（'Pavlovian Conditioning. It's not what you think it is' [帕夫洛夫條件制約，並不像你以為的那樣], *American Psychologist 43*, **Robert Rescorla**, *1988*）。

　　有個麥可・戴維斯與其夥伴共同進行的有趣實驗（'Temporal specificity of fear conditioning: effects of different conditioned stimulus-unconditioned stimulus intervals on the fear-potentiated startle effect', *Journal of Experimental Psychology, Animal Behavior Process 15*, Michael Davis and Schlesinger, L. S., 1989）針對「潛在觸發恐懼的驚嚇探討」，清楚地說明帕夫洛夫制約的預警式結論。先讓大鼠學習代表危險的燈光信號：這個燈光信號再搭配不同組的腳步聲，其延遲的間隔從幾百萬分之一秒到一分鐘為限不等。經過幾天以後，先對大鼠進行燈照（在無腳步聲的情況下），然後，再經過片刻，透過很大的聲響，紀錄動物對於聲響所引發的驚嚇反應。然而在這些不同組裡，對聲響反應驚嚇最強烈的程度，都在聲響的發生符合大鼠先前經歷過的燈光出現至腳步聲的延遲間隔時。令人印象深刻的是，只有單次照射與腳步聲約隔一分鐘的組合，動物對象驚嚇的強度最大時，是在燈光出現後相同間隔的發聲點上。大鼠顯然不只學到燈光所預告的腳步聲（什麼導致什麼），牠們還知道腳步聲會在何時出現。因此，牠們只要有一次經驗，就記得許多事件之間的關聯性。另外，「感官先行」的研究也顯示刺激或事件的聯想，不見得需要有任何特殊意義。假如燈光和聲音連結起來，再用燈光作為制約實驗的信號，聲音也將引發被制約的反應。燈光與腳步聲的配對組合只要重複幾次，對於這類學習來說就綽綽有餘了。

當然，我們都知道，學習是不必特殊訓練的。許多學習的發生純粹是經由觀察。誠然，兒童透過觀察而學習。較次等的動物也透過觀察學習，以下諺語也是大家公認的：「猴子學人樣。」許多針對老鼠、貓和猴子觀察學習的實驗研究，相繼證實這項結論。我們的記憶構成了我們在世界上的表現。不管我們接受特定的訓練，還是單純從觀察中學習，我們在其他事件後經驗到的特定事件，又將導致我們對這些事件的期待或預測（又是托爾曼的「什麼導致什麼」）。咖啡的香氣預告咖啡的品嚐，或許還預告早餐。軟木塞的噴出聲可能預告香檳氣泡的滋味，以及隨之而來的慶祝儀式。在後照鏡裡的紅、藍色閃

光預告了不受歡迎的場面。我們對每樁事件的反應，都取決於我們的期待或預測；而這點，當然，也建立在我們對過去事件的回憶基礎上。

記憶與習慣的再思考

即使證明狗、貓、黑猩猩、老鼠和人類會學習與記憶事件之間的複雜關聯性，也不表示他們都不學習某種習慣。他們當然可以，而且，下面我會討論到，習慣與外在的記憶，或引用威廉‧詹姆斯的話，「實質記憶」，都是在同時間學到的。然而，首先，我們必須重新思考「習慣」這個詞可能代表的意義。

我有使用電腦、穿鞋和駕駛車的種種習慣，我也有一天吃三餐以及每晚睡覺的習慣；這些陳述無一指向任何高度分工化的學習和記憶活動。它們肯定不是刺激─反應的習慣，它們只是我傾向從事的作為。現在情況顯得有點複雜，我還有一種吹奏豎笛的習慣，這裡「習慣」可能有兩種很不同的意義。第一種是，我有偶爾吹奏豎笛的習慣，第二種是在我吹奏豎笛時，擁有某種獨一無二的吹奏方式。雖然我的（呼吸、吹氣，到手臂、手腕與手指的運動）反應，會隨著演奏的樂音而不時改變，但所應用的反應序列仍根據我在上次練習裡的過去學習。當然，我更擁有對我所吹奏音樂的實質記憶。對於所演奏音樂的記憶，則包括所學習與記憶的可改變技巧──而不是高度分工而分離的運動神經反應。

我們大部分人都有以極獨特的方式用電腦鍵盤打字的習慣，這些方式甚

至可能無從考察或精確記憶。舉例來說，你用哪個手指打出「o」或「v」？「習慣」和「記憶」這兩個詞，又必須動用到哪幾根手指？雖然這些都是學習和記憶後的習慣反應，它們卻保有很高的靈活性。畢竟，你在打「o」或「v」時並未考慮上一個字母的侷限；打出這些字母裡的每個鍵的不同動作，取決於打完先前字母所需的動作。因此，即使連打字這樣的技巧都是極靈活的技巧，不是用高度分工的「刺激—反應」反射式習慣的養成足以解釋的：威廉‧詹姆斯說錯了。但不變的是，你對於一個像打字這類技巧所需的記憶，顯然有別於你對於打字的記憶，以及你能夠打字這件事的記憶。因此，假如我們要引用「習慣」這個詞，重要的是明白我們要怎麼用這個詞。特別是，我們必須分辨去做某件事的記憶傾向，以及用於做這件事的已學到靈活技巧。此外，雖然非常廣泛的訓練可以導致專門、精確，以及相當單純的動態表現，例如用眨眼皮回應簡短的信號（'Organization of memory traces in the Mammalian brain', *Annual Review of Neuroscience 17* , Thompson, R. F., and Krupa, D. J.），這種「習慣」學習的獨特類型雖然很重要，但無疑是例外而非常態。不但如此，就像我們從前面短暫討論的帕夫洛夫制約研究結果看到的，這類制約產生的學習不是全由動態表現所構成的，在訓練期間也需要其他資訊。哪些資訊呢？為了尋找答案，你必須從主題來加以探討。

尋找學習與記憶了「什麼」

在本章稍早之前我曾表示：「雖然你可以要求你的狗或貓告訴你牠們的記憶，但你想必無法獲得直接的答案吧。」不過你是可以得到答案的，假如你用對方法來問。重要的關鍵是區別你用來訓練動物的方法，以及欲求訓

練的成果。幾年前我與內人養了一條狗，每當前院的籬笆門被打開時就會狂吠。由於叫聲時常吵到我們正在午睡的小孩，（進而嚴重影響我倆的安寧！）我決定訓練這隻狗在開門時安靜下來，只要牠一開始叫就用報紙輕輕抽打。長期下來，令人不甚滿意的結果則是，這隻狗被我教成了躲在鋼琴後，閉著嘴巴繼續低吠。

　　當然，有很多設計更精緻或資訊更充分的研究，可以得知動物在經過訓練後「學到」了什麼。前面所討論的麥克·戴維斯的實驗，就顯示大鼠既學到光線預告腳步聲，也學到腳步聲會在光線之後多久出現。還有一個由羅倫斯和迪里維拉所設計的巧妙研究（'Evidence for relational transposition', *The Journal of Comparative Psychology 47* , Lawrence, D. H., and di Rivera, J., 1954），則探討了大鼠是不是學到線索之間互相指涉的意義。在許多訓練實驗裡的每隻大鼠，都被提供一張上半部與下半部都塗上不同灰階的紙卡，而紙卡下段固定用一種中階的灰色值。把中間灰階視為「4」，「1」和「7」分別是最淺和最深的灰階；實驗訓練這些大鼠在紙卡上段出現淺灰的1、2、3色階時轉某個方向，如左轉，而在紙卡上段出現深灰的5、6、7色階時換另一個方向，即右轉（參見圖1A）。大鼠可能可以學到六種不同的反應：每張紙卡是一種學習，但後來在測試大鼠學到什麼的實驗裡，卻產生相當不同的答案：大鼠學到與記住的關鍵線索，是紙卡上半部與下半部之間的關聯性。牠們學會在上段比下段淺色時就左轉，而上段比下段深色時就右轉。舉例來說，當測驗裡出現上5下7的色階組合時（上段比下段淺），牠們就左轉，但出現上3下1時（上段比下段深）則右轉。

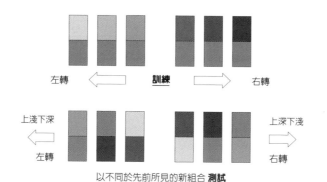

<u>圖1A</u>　刺激之間的關係學習實驗。大鼠先用一系列上半部與下半部有不同灰階的紙卡來訓練，紙卡的下段固定是中階的灰色。當紙卡上段的灰色較淺時左轉，或紙卡上段的灰色較深時右轉，都可以獲得獎勵。然後再用上段與下段都換不同灰階的新紙卡來測試。在絕大部分測試實驗裡，只要上段比下段淺就左轉、上段比下段深就右轉。這些發現指出，大鼠已學會對應上段與下段灰階之間的關聯性。羅倫斯與迪里維拉，1954年。

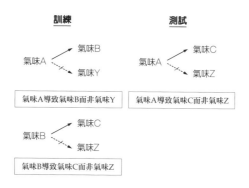

<u>圖1B</u>　刺激之間的關係推測學習實驗。大鼠先學習連結氣味A與B，然後在連結氣味B與C。在最後用氣味A來測試時，他們選擇了氣味C而非另一種氣味。先前的連結，讓大鼠得以推論氣味A與氣味C之間的連結。彭楔與艾森鮑恩，1966年。

　　我們無法單純藉由掌握所採用的特殊訓練方法，來推斷某動物（或在以人為對象的情境裡）學到什麼。假如我們想了解動物知道什麼，我們就必須問對題

目。在剛才描述的實驗裡，實驗者問動物的題目是，牠們是不是記得紙卡上段與下段的相對色階差，才是作出回應的最佳線索；答案是正確的，所以牠們是知道的。

　　大鼠的記憶也讓牠們對線索的意義作出推論。在一組巧妙設計的實驗裡，哈佛‧艾森鮑恩和研究夥伴（'Conservation of hippocampal memory function in rats and humans', *Nature 379* , Bunsy, S., and Eichenbaum, H., *1966*）訓練大鼠挖掘一個包含沙子以及麥片獎勵的小型容器。然後訓練牠們先採集到某個容器的獨特氣味（如肉桂或咖啡等），再從另外兩個有獨特氣味（如檸檬或丁香等）的容器裡擇其一挖掘，其中某個一定有麥片獎勵（參見圖1B）。利用這些步驟，大鼠先學到氣味A與B之間的連結，而非別種氣味如Y；然後牠們又學到氣味B與C而非別種氣味Z的連結。最後才是決定性的測驗：以氣味A為樣品，讓大鼠在氣味C與Z之間作一選擇。因為氣味A先前從未與氣味C或Z產生連結過，所以這項測驗的反應無法藉由先前氣味的直接聯想而提示之；然而，這並不妨礙大鼠正確無誤地選擇測驗裡的氣味C。A與B以及B與C的連結，讓大鼠可以推論出A與C之間的連結。這些發現也導致對「刺激─反應」學習觀的又一質疑：從訓練中獲得的提示與獎勵的連結，顯然不足以詮釋測試實驗中的動物反應，後者還需以記憶為基礎的推論。

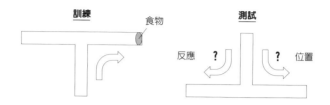

<u>圖2</u>　大鼠在一個有食物獎勵的裝置（空間）裡很容易學到正確的位置。首先訓練大鼠找到放
在Ｔ型迷津某一端的食物（上圖左）；然後將Ｔ型旋轉一百八十度（上圖右），測試大
鼠要如何決定──是該做出剛才學到的右轉反應，還是走到該空間的正確位置？在測驗
裡，大多數大鼠都不是向右轉而是向左轉，走到原先發現食物的位置。

去了哪裡？做了什麼？

　　這個「學習到什麼」的問題，也可以用比較不那麼複雜的實驗來問。
有一個Ｔ型迷津的簡單裝置，就被人援引為上世紀中葉的霍爾與托爾曼兩派
勢力強烈對壘的主戰場。大鼠走Ｔ型迷津的學習研究，調停了動物究竟學到
「刺激─反應」，還是「什麼導致什麼」資訊的兩派爭議。在典型實驗裡，
這些大鼠被放在出發的巷道上，讓牠們走進Ｔ型迷津上方的左巷或右巷。而
食物永遠放在上方的其中一端──比如說，在右邊盡頭（參見圖2）。大鼠從這
個訓練裡學到什麼呢？牠們學到的是轉彎的制約反應（按照效果律說的「刺激─反
應」習慣），抑或牠們學到在Ｔ型迷津的哪個角落有食物？為了找出答案，擺
著食物的巷道仍然不變，但出發的巷道從下方改成上方，這樣一來，假如大
鼠原本訓練成往北走，現在就變成從北往南走。假如牠們學到的是轉彎的反
應，那麼牠們就應該依照原本的訓練，向右轉而進入那個沒有食物的巷道。
假如牠們學會食物在該空間裡的位置，牠們就應該要向左轉，也就是說，作
出有別於原本訓練的反應。大多數採用這些實驗程序的研究都支持了托爾曼

的觀點，發現，測驗裡的大鼠都選擇食物原先擺放的巷道，哪管牠們必須作出不同於訓練時所做的轉彎反應。

　　然而，正如絕大多數的學術論戰，托爾曼學派並未大獲全勝。在某些情況下，最後測驗的動物仍作出和先前訓練相同的轉彎反應。有人可能歸納出：兩邊都猜對了——或者兩邊都猜錯了。按照霍爾學派的「刺激—反應」觀點，位置記憶是不可能發生的。所有學習都應該是由刺激與反應的習慣所構成的，在這種理論裡，不容和食物位置有關的記憶存在。托爾曼則認為，畢竟之中仍存在學習反應的空間——若從轉彎之類的行為表現，而不只是肌肉抽動的單純反應來看——於是發表了一篇命名為「不只存在一種學習」（'There is more than one kind of learning', *Psychological Review 56*, Tolman, E. C., 1949）的基本論文；不過，該篇論文沒有解釋為什麼動物有時候學到作出反應（再次強調是行為表現，不是特定的肌肉收縮運動），即使牠們明明有能力記住哪裡可以找到食物。這其實是某種讓步，但不是令人滿意的理論衝突解答。

　　「地點或反應」的解答議題，最後需要涉及不同腦部系統之於學習與記憶功能的資訊。我們將開始簡要地討論兩種腦區域，也就是海馬迴（hippocampus）和尾狀核（caudate nucleus），它們是現今所知負責記憶的角色（參見圖3）。

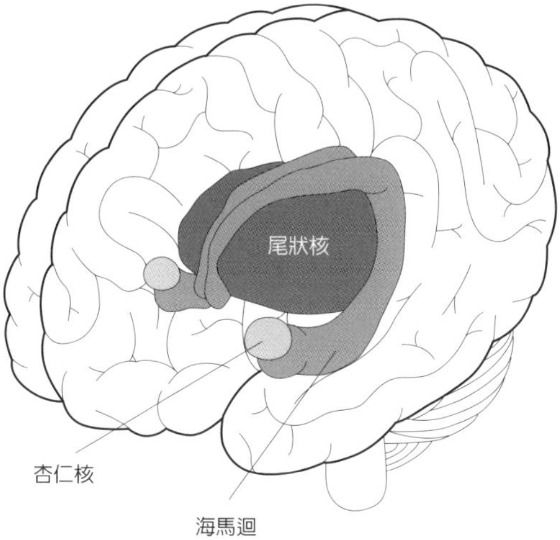

尾狀核

杏仁核

海馬迴

<u>圖3</u>　腦部之中對於記憶整合很重要的三大區域：海馬迴（hippocampus）、
　　　尾狀核（caudate nucleus）以及杏仁核（Amygdala）。

　　先談談海馬迴。加拿大心理學家布蘭達・米爾納對於知名病人個案亨
利（H.M.）的記憶研究，提供了海馬迴對形成新記憶很重要的最初假設證
據。（'Loss of recent memory after bilateral hippocampal lesions', *Journal of Neurological
Neurosurgery and Psychiatry 20* , **Scoville, W. B. and Brenda Milner** , *1957*）為了治療癲癇，亨
利的海馬迴葉狀區域，經由外科手術從腦部的兩側切除；在那次手術後，亨
利即永久失去了保留新經驗的連續外在記憶能力，但他回憶最新的記憶（換
言之，主要記憶）或已知遙遠經驗的能力，卻絲毫未受損。這些驚人的結論發表
後，海馬迴立刻成為研究記憶大勢所趨的主要腦部區域，並維持至今達將近
半世紀之久。

　　對大鼠以及靈長類（當然包括人體實驗者），腦部這個區塊的機能損傷都危

及清楚的新知識的儲存或「固化」（consolidation，專指將新記憶轉為永久保存的記憶作用名詞），例如，不同新資訊之間的關聯或現象，包括依據所獲得資訊來推論和記憶特定事件序列的能力。（'Critical role of the hippocampus in memory for sequences of events', *Nature Neuroscience 5*, Fortin, N. J., Agster, K. L. and Eichenbaum, H. B., 2002）我將在後面更深入探討海馬迴的記憶功能。

再來是尾狀核，這是一個已知對於調節身體運動很重要的區塊。這個區塊的官能障礙與帕金斯症之類的病變有關，而在大鼠身上，這裡的損傷則危及某些反應學習種類，情形不一而足。這個議題也將在稍後更詳細討論之。

海馬迴與尾狀核這兩塊腦區域涉及不同類學習的新興證據，暗示「地點或反應」此一擱置超過數十年的議題，可能有更令人滿意的解答。也許這些研究裡的大鼠同時學到了該作什麼反應，以及該去哪裡找食物——這兩種記憶在從相同空間裡的不同起點出發時，會產生衝突的測驗結果。早期研究產生一個根本卻遭忽略的線索，部分實驗正確顯示反應學習是發生在大鼠進行大量T型迷津訓練期間，即在決定大鼠究竟是記憶地點抑或轉彎反應的測驗以前。或許之所以發生是因為，大量訓練加強了尾狀核影響學習的程度。馬克‧巴卡德與我所得到的研究結果，便強烈地暗示這件事。（'Inactivation of hippocampus or caudate nucleus with lidocaine differentially affects expression of place and response learning', *Neurobiology of Learning and Memory 65*, Mark G. Packard, & McGaugh, J. L., 1996）

我們進行的實驗類似前述的T型迷津研究。先讓大鼠在有食物獎勵的T型迷津裡接受訓練。測驗時T型迷津的出發走道，則在與訓練時相對的位置

（參見圖2）。為了檢查海馬迴與尾狀核影響記憶的程度，我們在大鼠測驗之前將麻醉劑利多卡因（Lidocaine）注射其中某個腦區域，藉此讓特定的腦區域失去作用，對照組則接受生理食鹽水的對照注射。在Ｔ型迷津裡訓練整整七天（每天有四次實驗）之後接受食鹽水注射並測試，這些大鼠選擇食物所在的位置（見圖4）；相較之下，經過十四天的訓練後，牠們大多傾向從「位置」的選擇轉移到固定的轉彎反應。

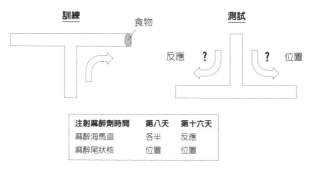

在測試前麻醉海馬迴或尾狀核的實驗

圖4　海馬迴與尾狀核分別影響訓練前期與後期的地點與反應學習。先讓大鼠在有食物獎勵的Ｔ型迷津裡接受訓練。然後將Ｔ型迷津旋轉一百八十度，測驗大鼠學習到的是「位置」或「反應」。訓練第八天的大鼠幾乎都選擇位置而非右轉反應，訓練第十六天，大鼠幾乎都作出右轉的固定反應。但在第八天前麻醉海馬迴的大鼠中斷了位置的記憶；在第十六天前麻醉尾狀核的大鼠則中斷對照組所顯示的右轉反應。巴卡德與麥高夫，1996年。

　　在測驗前用麻醉劑注射海馬迴與尾狀核的大鼠，出現截然不同的結果。在第八天測驗時，對尾狀核的麻醉沒有產生任何效果。也就是說，如同對照組，牠們都選擇食物地點；相較之下，海馬迴被麻醉的大鼠的行為則難以取決。關於獎勵（食物）存放位置的記憶被干擾了，這些發現指出海馬迴所形塑

的記憶，是發生在先於紋狀體（striatum）影響的訓練期間。延長訓練的測驗結果更是相當不同。經過十五天的訓練後，對海馬迴進行麻醉的大鼠行為就像注射食鹽水的對照組：作出轉彎的固定反應。然而，對尾狀核進行麻醉的大鼠並沒有作出長期訓練後的轉彎反應，相反的，選擇先前發現食物的位置。位置的記憶經過大量訓練後，顯然仍保持完整無缺，並經由尾狀核的麻醉而突顯之。托爾曼是正確的：學習的形式不只一種，但他不知道的是，不同的學習形式是同時並存的，記憶的表現涉及了腦部不同系統的完美合奏。

我們幾乎都可以一邊走路一邊嚼口香糖，我們也可以一邊按鍵、一邊傾聽與記憶說話或音樂（或說話與音樂），有時候我們還可以在開車時應付以上所有動作。我們之所以可以這麼做，是因為和在迷津裡熟練轉彎反應的大鼠一樣，我們的大量學習也形成某種程度的自動反應。有時候，我從學校開車離去時，本來打算去另一個地方，卻發現車已經停在我家的車道上了；（我猜你也偶爾出過這種烏龍吧！）但，儘管我所處理的尋常反應——從學校開車回家——是再熟悉不過的，每趟旅程裡運動反應的詳細程序仍極其不同，有賴於交通條件、天氣以及眾多其他變因。每次反應的詳細程序都需要多種記憶的整合應用；就像那些大鼠，我們也可以藉由依據不同位置的記憶，以及其間的可能路徑所決定的反應序列，連同運用那些資訊所需的反應，從某個位置移動到另一個位置。

腦 的 系 統 — 記 憶 的 留 存 以 及 運 用

我們的腦部工作極其艱難。它的能力肯定發揮不只人們時常提起的百

分之十。我們的腦部要持續照管著維持生命正常運作的所有雜役，例如視察我們的呼吸、吞嚥、咳嗽、打噴嚏、調節體溫、進食、維持身體姿態以及睡眠與清醒的交替，這些還只是部分功能。除了這些調節與駕馭功能外，我們和其他動物發展出許多其他分工的神經系統，藉以感知這個世界並在其中運作。不同的腦系統負責偵測各種感受資訊，還有其他系統負責賦予動態回應的能力。在它們進行全部工作的同時，我們的腦部也必須確保，我們獲得與保存各式各樣的資訊，也許只是短暫或終生的資訊，於是我們就可以正確地回應生命中變遷的事件。就像我們有偵測聲音與畫面的不同系統，我們應該也有讓我們能記憶不同時間長度的不同種類資訊的腦系統。

　　我將在後面討論到，負責威廉·詹姆斯說的初級記憶或短期記憶——那些不同於潛在運作的次級記憶或長期記憶——的作用；以及我們剛才見到的，即使對長期的記憶來說，學習精確位置的記憶形塑所需的腦系統，也不同於那些形成基本反應學習的系統，像在迷津裡轉彎的反應。而另一個系統更賦予學習高度特異與限制的動作反應的能力，但這些都只是複雜得多的腦部迷宮部分組成，還有更多腦系統具有形成與接收別種記憶的分工職屬。舉例來說，知名心理學家約翰·賈西亞就發現，我們有一種特異性與效果極強的腦系統，能夠學習某些特殊的味覺或氣味，特別是關於令人不適的胃口。（'Relation of cue to consequence in avoidance conditioning', *Psychonomic Science 4*, John Garcia, & Koelling, R. A., 1966）醫護人員用冰淇淋來獎勵接受放射治療的癌症病童，他們發現病童在接受某些治療後就不吃冰淇淋了，孩童的腦部歸納出放射線導致的不舒服是由冰淇淋引起的。雖然這個案例是錯誤的結論，但，假如我們覺得胃口不佳，那一定是由我們吃到的某種食物——而非我們聽到、看到或摸到的東西——引起的，這種推論倒不失為合理。賈西亞發現，我們的腦部會

替我們導出這些結論。

　　過去半世紀的研究已經相當明確，即我們的腦袋沒有一個單獨負責學習和記憶的共同系統。我們的學習取決於我們遭遇的資訊種類，以及需要的行為種類。雖然我們知道不同腦系統涉及至少幾種不同的記憶類型，但是還有很多尚待學習。我們必須謹慎地討論我們所指的「涉及」是什麼，腦系統可以提供許多學習與記憶的機能。它們可以是腦部存放特定記憶類型的空間——亦即「心象」（engram）的所在，也可以是關於記憶儲存的調節區域；它們可以扮演接收記憶的特殊角色，也可以調節學習反應的發生。探討這些作用的唯一方法，就是小心翼翼地檢驗每種可能作用的設計研究。但在此同時，腦系統在呈現完整記憶功能時，肯定是互相影響的。因此，記憶研究是非常複雜的探測工作。動物記憶乃至人類記憶的研究，對於釐清腦部的記憶功能是極其迫切的；不過，和本章先前討論的動物學習研究初衷（意指行為學派研究）相當不同的是，如今動物的研究是基於，調查構成動物記憶基礎的神經生物學作用，提供人腦的記憶系統與細胞作用的關鍵線索。實驗動物與人類運用共同腦部系統和機制的廣泛證據，正是尋找關鍵線索的基本條件。我將在後面章節更廣泛探討許多運用各種研究技巧的實驗類型，這些，對於判斷記憶系統間的功能與交互作用都是必須的。每種新發現都提供某條線索，而獲到暫時的新結論，更導致讓我們更加理解腦系統如何創造、留存與恢復（各種生命場合所需的）合適記憶的新實驗。每條線索都有助於我們解開記憶之謎。

❸ 短期與長期記憶

「思想之流不斷前進，但大多數片段落入遺忘的無盡深淵。對於某些來說，它們的蹤跡沒有任何記憶留存。對於其他，記憶則侷限在幾刻鐘、幾小時或幾天裡。還有另外一些，卻留下難以摧毀的遺跡，藉以隨著生命持續而被想起。我們可以解釋這些差異嗎？」（James, W., 1890）

　　我的實驗室裡有個研究生被發現昏迷在乾涸河床的邊緣，緊鄰著某些岩塊與壞掉的單車。當他隔天在醫院恢復意識時，不知道自己置身何處或為什麼在那裡。他對在河床摔下單車的記憶一無所悉，甚至不記得自己在出事當天騎過單車，或那一天的其他經歷：某個短暫的片段已經從他的生命紀錄裡消失了。然而，他生命裡更早的回憶，包括意外前一天的記憶，卻仍安然無恙。這種選擇性的喪失記憶常見於輕微的頭部創傷，以及其他影響腦部機能的情境之後。這就叫做「回溯性失憶」（retrograde amnesia：或譯「逆行性記憶缺失」），因為喪失的記憶都是創傷之前經歷的事件；越久遠和越強烈的記憶，就越不會失去。這種類似工會或人事政策「後錄用先解聘」原則的失憶特性，叫做「李伯定律」（Ribot's Law），因為這是十九世紀晚期的法國心理學家，提歐度爾・李伯（*Diseases of Memory*, Theodule Ribot, 1882）先探討的。

　　幾十年前，當我和某些研究生與實驗室夥伴同赴滑雪旅行時，也見證了李伯定律的內容。當時有個學生摔得驚險萬分，頭部撞到某棵樹的底部。他爬起來直說沒事，穿上他的滑雪板，繼續划了幾趟，然後才告訴我們他有點不舒服，必須立刻回家。非常特別的是，這個頭部衝擊並未損害他對於摔倒或摔倒後沒多久遭遇的短期（或初級）記憶。然而，至今他對那趟滑雪之旅卻沒有記憶——沒有摔倒之前滑雪、摔倒或之後滑雪的記憶。就像那個摔下單車的研究生，這位同學也有（直到現在）回溯性失憶；此外，他更出現「順行性

失憶」（antegrade amnesia：順行性記憶缺失）——就是說，雖然他在摔下來以後意識清楚，但他仍喪失相關記憶，如爬起來又划了幾趟等；這些在出事之後幾小時內發生的事件。還好，這兩位同學的腦部創傷與喪失記憶都不算嚴重，如今都成為知名的神經學者。

在某些案例中，回溯性失憶的影響範圍極其確切。在一個這類案例中，連續出賽四局的拳擊手頭部挨了數拳，但是沒有被擊倒，也沒有陷入暈眩：

（旁觀者）注意到他在最後一回合猛烈攻擊。他自己則對第三局後半場就失去印象，更不記得最後一局……他無法說出他的失憶症究竟是從何時發作的，但是它的終點卻很判然二分。失憶持續了大約十五至二十分鐘，直到他和對方握手，和朋友談話，並準備淋浴為止。（'Traumatic Amnesia', *Amnesia, Whitty, C. W. M. & Zangwill, O. L., 1966*）

形成持續的記憶：記憶的固化（Consolidation）

雖然我們的老祖宗們無疑早就知道，意外和暴力事件所導致的頭部衝擊會導致喪失記憶，對失憶症的系統化科學研究卻僅始自上世紀。某個針對兩百個頭部受傷的病人研究指出，病患常同時具有回溯性與順行性的失憶（'Traumatic amnesia', *Brain 69; Russell, W. R. & Nathan, P. W., 1946*）。不但如此，回溯失憶程度最嚴重的病人，在腦部創傷後的遭遇遺忘得也最久。從軼聞得知或臨床發現看起來很清楚，長期記憶最初都是極脆弱的。相較之下，短期記憶則比較不受腦部創傷與其他引發回溯性失憶的情境所影響。這些與下面將要討

論的其他發現，幾乎不約而同地指向詹姆斯對於初級記憶（即短期記憶）與次級記憶（即長期記憶）分別建立在不同腦部作用上的主張。

為什麼，傾向持續的即時記憶在獲得後，面對破壞是如此不堪一擊，卻不會隨著時間的流逝而更形脆弱？一項完全無關的實驗發現，提供了可能的解釋。在一九〇〇年，兩位德國心理學家，穆勒（師承艾賓浩斯）與皮爾切克共同發現，對新學習的無意義音節的記憶，會隨著原學習後迅速新學習音節而減弱（'Experimentalle beitrage zur lehre vom gedächtnis', *Z. Psychol 1,* Georg E. Müller, and Alfons Pilzecker, *1900*）。然而，倘若在學習新音節之前經過一段沉澱的時間，記憶就不會減弱。為了解釋這些發現，他們提出新獲得資訊的記憶，其紀錄會在學習後留存，經過某段時間而變得固化。他們推測在原學習後迅速重新學習，會因干擾留存，並因此干擾原學習的固化作用，而導致若干遺忘。這是第一個明確的遺忘理論。對於那些熟知頭部創傷引發失憶的臨床發現人士來說，這個固化假設似乎立即一目了然，提供回溯性失憶症的某種可能解釋（'Retroactive Amnesia: Illustrative cases and a tentative explanation', *American Journal of Psychology 14 ,* Burnham, W. H., *1903*）。

固化假說幾乎埋沒了半個世紀之久，許多無關記憶研究的發展，在一九〇〇年至二〇〇〇年中期再度點燃對記憶固化說的興趣。找尋療癒嚴重精神疾病的努力，包括憂鬱症和精神分裂，促成了理論的再發展。施用劑量足以誘發驚厥的樟腦興奮劑，首先在十八世紀晚期用來治療憂鬱症。在四〇年代初期，再度興起用驚厥用藥來治療精神障礙的風氣，並以注射人為合成的米特拉唑（metrezol，類似樟腦的合成驚厥劑）或胰島素，取代樟腦成為驚厥療法的選擇。二十年後，我任職於精神院所的技術人員，目睹病患躺在某個開放式病

房區的成排病床上，接受誘發症狀的胰島素注射量（隨後施打葡萄糖）以治療精神疾病。這種藥物治療的主要問題，壓根不是這些做法是否安全或有效，而是發作的時間、程度與長度都充滿了不確定。

　　兩位來自義大利的精神病學家，伽雷堤與賓尼（'Electric shock treatment', *Boll. Accad. Med. Roma. 64*, Cerletti, U. & Bini, L., 1938）找到了這個問題的解答。在觀察過羅馬屠宰場被人電昏卻未及宰殺的待宰豬後，他們藉由頭部電擊引發的抽搐，推論利用電擊刺激來誘導人類病患發作的可能性——這兩位先生滿走運的。他們隨即找到某位進行那歷史性實驗的病人；這個病患被發現在羅馬火車站，精神處於某種混亂的狀態。在診斷出病人有精神分裂症狀後，他們決定進行電擊刺激。伽雷堤與賓尼總算鬆了一口氣（病人也很走運），所施電擊只有誘發病人的昏厥，而沒有鬧出人命。如今正名為「電驚厥（電擊）療法」（ECT; electroconvulsive thearapy）的「電休克療法」（ECS; electroconvulsive shock）一經引用在人類病患身上，立刻被普遍接納為精神疾患的療法之一，迄今仍是對某些抗憂鬱劑難以緩和的嚴重憂鬱類型很有效的療法。我在羅馬做博士後研究時巧遇伽雷堤，但很可惜，未趁那次場合向他請教他的歷史性「實驗」。我說「可惜」的原因是，在當時，我正利用電擊老鼠來研究記憶固化作用，因此我錯過了和他討論的難得機會——對那次既影響我私人研究、也影響當前記憶研究的開創性實驗的第一手回憶。

　　所謂的電擊療法或電休克療法，和記憶之間有何關聯？在電驚厥被採用為精神疾患療法之後未久，人們注意到實行電擊治療的病人已經記憶受損，特別是那些在每次療程之前或之後沒多久的事件——也就是說，看起來病人同時展現了回溯與順行性失憶。這些臨床發現暗示了，或許可利用電擊

刺激作為研究記憶固化的實驗技巧。卡爾‧鄧肯在一九四九年發表的經典實驗裡便對該構想加以檢驗（'The retroactive effect of electroshock on learning', *Journal of Comparative and Physiological Psychology 42* , Carl P. Duncan, 1949）。該研究裡的老鼠經過數天訓練後，學會在某個訊號出現時，從某個裝置移動到另一個以逃避腳步聲。這幾組老鼠在訓練實驗後，接受延遲長度不同的電擊；而在訓練後幾秒內就施予電擊的老鼠，完全喪失訓練過的記憶跡象，相較之下，在訓練後一小時或更久才施行電擊的老鼠表現，則是毫無受損。他們發現，這些訓練後措施對記憶的影響與時間大有關係，因而替長時期遭忽略的記憶固化假說，提供了強烈的實驗佐證。

　　鄧肯的研究立即激發一窩蜂投入電擊如何影響記憶的實驗風氣。早期研究的目的大多在判知記憶固化所需的時間，即稱之為「固化曲線」的專門術語。然而，所謂記憶固化曲線的探討，後來證實是難以釐清的，而且畢竟有欠周詳。曲線的範圍顯然取決於實驗採用的特定條件，這些曲線從幾秒到幾天都有，受到許多變因的影響，包含學習任務、訓練形式、使用老鼠種類，以及，尤其是用以誘發回溯失憶的訓練後特殊措施（*Memory Consolidation*, McGaugh, J. L., & Herz, M. J., 1972 | *'Time-dependent processes in memory storage', Science 153* , McGaugh, J. L., 1966 | *'Memory: a century of consolidation', Science 287* , McGaugh, J. L., 2000）。這類研究所發現的回溯性失憶，由圖5的下半部代表之，鄧肯研究的主要貢獻就是發現，記憶固化的實驗探索是可行的。它也不再需要，或只能倚賴臨床報告或軼聞相傳。

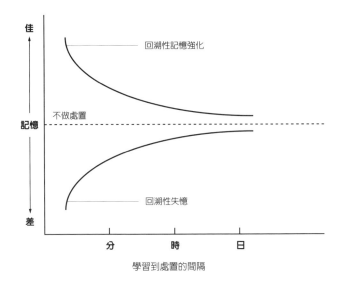

圖5　記憶固化的影響，在學習後不同時間施予的特殊處置。
上曲線：回溯性的記憶強化；下曲線：回溯性的失憶。

雙紀錄假説：脆弱到穩定的記憶？

　　加拿大心理學家唐諾・希伯影響深遠的《行為組織》一書（*The Organization of Behavior,* Donald O. Hebb, 1949），也有助於重振學界對記憶固化的興趣。而巧合的是，希伯的著作正好出版於鄧肯發表經典研究的同一年。在他的書裡，賀伯提出了他所形容的「雙紀錄」記憶假説：

　　結構上和生理上的觀察確立了可感知事件的迴響後效之可能性，在於這樣的作用應奠定於瞬息間刺激「記憶」的生理基礎上。為了因應……持久不變，某些結構上的改變似乎是必然的，然結構上的成熟則假定需要一段可觀的

時間。這種瞬息的、不穩的迴響紀錄因此是有效的想法，前提是某些更持久的結構性改變令它強化的假設是成立的。

很明顯的，雙紀錄假設相當類似穆勒和皮爾切克長期遭忽略的留存至固化說。因此，希伯為何沒有討論甚至引用過該說，這點相當耐人尋味。這兩個假說都指，長期記憶是藉由經驗過後當下形成的記憶紀錄的固定而形成的——亦即，最初脆弱的紀錄會隨著時間而變成經久的紀錄，短期記憶就變成長期的。對兩者來說，短期與長期記憶的差別僅僅在於紀錄的強度。因此，更精確地說，固化與雙紀錄說都應該叫做單紀錄假說才對。我們如今有充足的理由相信，這些假說無論影響多深遠，都是不正確的——或更謹慎地說，正如下面的討論，已有相當確鑿的證據顯示，較近與較遠的記憶乃是基於不同的作用，而不只是耐久性有差別的相同作用。然而，也有大量的證據指出這些假說不完全是錯的：持續的記憶不是瞬間創造的；它們是隨時間而固化的。

飛禽會，蜜蜂會；連軟體動物、魚類和跳蚤都會

有許多利用各種影響腦部機能的訓練後程序研究，都對於我們釐清腦部於創造持續記憶的潛在作用貢獻良多。在以金魚為實驗對象的先驅研究裡，愛格朗諾夫發現，在訓練後注射蛋白質合成抑制劑，和電擊一樣，會造成回溯性失憶的症狀（'Memory fixation in the goldfish', *Proceedings, National Academy of Sciences, USA 54*, Bernard W. Agranoff, Davis, R. E. & Brink, J. J., 1965）。在其他實驗，他則在金魚受試之前注射蛋白質合成抑制劑。他相當驚訝地發現金魚對任務的學習完全正

常，但在幾小時後就忘記了——換句話說，蛋白質抑制劑阻斷了記憶固化，卻不影響短期記憶。如今更多證據顯示，短期記憶沒有受到各種阻斷記憶固化的程序（包括電擊）影響。另外同樣重要的是，阿根廷／巴西神經學家伊茲基耶多發現許多藥物治療可能阻止短期記憶，卻不中斷記憶固化（'Mechanisms for memory types differ', *Nature 393*, Ivan Izquierdo, Barros, D. M., Mello e Souza, T. de Souza, M. M. & Izquierdo, L. A., 1998）。與希伯的假設正好相反，長期記憶並不需要短期記憶。這類發現指出了並行與可能為彼此獨立的記憶階段，正如圖6所顯示的；都是由我們的記憶創造，也各自擁有不同的保存期限。

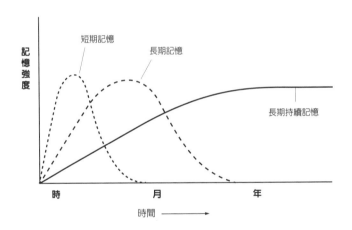

圖6　記憶形成階段。記憶固化是取決於時間，然而，不同的記憶階段不是連續性的銜接，而是以並行發生的獨立作用為基礎。修改自麥高，1966年；麥高，2000年。

　　所有來自臨床與實驗研究的證據，都強烈指出腦部以不同方式處理較近與較遠的記憶，但是為什麼這麼做呢？我們顯然需要擁有立即成形的記憶；要應付這個不斷瞬息改變的環境，非得如此不可。如果所有記憶都在每次經驗後才慢慢成形，我們該如何交談、閱讀，或甚至步行呢？舉例來說，大多

數當今建築法規都要求每一個樓梯的所有階梯高距相等，在向上或下走幾階後，我們就只隱約記得階梯高距不變，並且猜想其他階距也一樣。假如它們的高度相同，我們就很可能絆倒而摔下樓梯；所以若缺乏這種迅速建立的隱性記憶，對我們和對保險公司都不是好消息；但對律師來說也許是好消息。假如我們必須經過數小時的延遲，在記憶固化後才想起階梯等高，這項資訊就沒什麼價值了；又或者想像一場交談，往來一次就要一小時以上的記憶間隔。具有立即成形的記憶，顯然是很棒的主意。當然，若在回應前經過縝密深思熟慮，那麼長達數小時的應對倒很值得（也滿樂見的）；然而即使深思熟慮，也需要短期記憶。

持續記憶會隨時間而緩慢固化的假設，主要來自於腦功能失調與療法影響長期記憶的臨床與實驗證據支持，但也有其他證據，更直接地指向學習後的記憶會隨時間而固化。以色列學者，卡尼與薩吉（'The Time course of learning a visual skill', *Nature 365*, Avi Karni & Dov Sagi, 1993）發表了接受視覺技巧訓練的人類對象並未改善，直到訓練後八小時才顯現，而且隔天還改善更多的報告。非但如此，該技巧甚至能維持許多年以上。利用人腦影像來探索學習所引發的神經活動變化等研究，也發現這類變化在學習數小時後仍持續發展。在一項透過正電子放射型電腦斷層造影術（positron emission tomography；PET）捕捉腦功能影像的創新研究中，沙德梅爾與侯肯（'Neural correlates of motor memory consolidation', *Science 277*, Reza Shadmehr & Henry H. Holcomb, 1997）在實驗對象接受需動用手與臂動作的機械學習訓練後，立刻掃描不同腦部區域。他們發現儘管對象的動作在訓練結束後，便維持數小時的恆定狀態，但腦部活動則不然；不同的腦區域各在不同時間裡劇烈活動著，在訓練後歷經約數小時的期間內。它的活動從前額葉皮質區（prefrontal cortex）轉移到已知涉及調節運動的兩個區

域：運動皮質區（motor cortex）和小腦皮質區（cerebellar cortex）。顯然運動技巧的固化作用涉及不同神經系統的參與，以增進形成技巧的腦部作用的穩定性。

　　還有一些證據是學習所誘發改變的大腦皮質活動，在訓練後仍持續增加數日。根據諾曼・溫伯格指出（'Tuning the brain by learning and by stimulation of the nucleus basalis', *Trendes in Cognitive Sciences 2*, **Weinberger, N. M.,** *1998*），在一系列將天竺鼠負責聽覺的皮質區植入電極的大規模電流生理學研究裡，經過特殊音頻與腳步聲的配對之後，天竺鼠的聽覺區對該特定音高的反應就更強，對其他頻率音高反應就更弱。更有趣的是，神經元對於訓練所用特定音高的反應差別選擇，在訓練終止後仍持續增強數日。這些發現暗示對音高增強寓意的記性，在訓練結束後仍然繼續固化許久。（'Long-term consolidation and retention of learning-induced tuning plasticity in the auditory cortex of the guinea pig', *Neurobiology of Learning Memory 77*, **Galvan, V. V. & Weinberger, N. M.,** *2002*）

　　我們的持續記憶為什麼緩慢地固化，並不是顯而易見的。我們當然可以懷疑為什麼我們擁有一種記憶的型態，是我們必須賴以記憶數小時、數天或終生，卻這麼輕易在剛剛形成時就遭到破壞。也許歷經一段時間固化長期記憶的腦系統，在脊椎動物的演化上屬於某種晚期的發展。此外，或許我們之所以緩慢固化記憶，是因為我們的哺乳動物頭腦龐大而極其複雜。我們可以斷然否決全部臆測；所有迄今探討的動物種類，都同時有短期與長期的記憶，而且都有回溯性失憶的可能性。飛禽會，蜜蜂會；連軟體動物，魚類以及小鼠或大鼠（如前面提到的），都和我們人類一樣，必須緩慢形成長期記憶

（'Time-dependent process in memory formation revisited', Rose, S. P. R., *Memory Consolidation: Essays in Honor of James L. McGaugh*, **Gold, P. E. & Greenough, W. T.** 編，[美國心理學會] *2001*　|

'Learning and memory in honeybees: from behavior to neural substrates', *Annual Review of Neuroscience 19,* Menzel, R. & Müller, U., *1996* | 'Long-term synaptic facilitation in the absence of short-term facilitation in Aplysia neurons', *Science 262,* Emptage, N. J. & Carew, T. J., *1993*）。記憶的固化顯然在演化上出現得很早，並且保留至今。

　　雖然似乎缺乏仍足以令人信服的理由，足以解釋一個像我們的腦這種生物系統為何無法立即形成持續記憶，事實是，動物的腦都做不到這點。因此，記憶固化必然提供非常重要的適應（及其他）功能。我將在後面章節裡更廣泛地討論，相當多證據指出緩慢的固化是經過適應的，因為它讓學習過後迅速發生的、影響經驗記憶強度的神經生理作用成為可能的。後面章節將討論到，大量證據顯示回憶可以破壞，也可以強化，透過在訓練後隨即施行的某些措施，後者提供這個假說誘人的支持。後面將回來探討這個重要的主題。

　　　隨時消逝的瞬息念頭

　　我們每分每秒都持續吸收新資訊，透過近期與久遠經驗的紀錄而整合之。我們記得剛剛讀過的最後幾句話，和剛剛說過的最後幾句話。我們可以分辨每句剛剛讀過或說過，以及昨天讀過或說過的話。但是昨天、今天，甚至關於明天的想法，都可以放在一起，彼此打散，形成新的記憶：記憶的紀錄在我們的腦海中交互作用與堆疊。試想，假如你可以想像，你的生活會變成什麼模樣──倘若你在這個關鍵的時刻，突然喪失將新經驗的紀錄固化為長期記憶的能力？而這種關鍵的能力，事實上，就是各種病變與障礙引發的

腦部受損病患所失去的；在像阿茲海莫病人這類退化病症，失憶症會歷經數年逐漸惡化。在其他情境如腦部受傷、組織缺氧或腦炎等，記憶的受損可能突然發生。不論是緩慢或突然發生，結果都很悲慘：

　　這類病人因此不再能活在當下，而是恆常地活在他們發病前的過去裡。然而，他們與現狀的脫節又完全不徹底，有些人意識到這種混亂，就像（有個病人）說：「當我密切地注視著對象時，我會知道，但卻立刻遺忘了。我的腦感覺像個篩網，不斷漏失、忘記每件事。即使在我那小小的空間裡，我還是不斷忘失：一切都消失無蹤了。」（'Defect of memorizing of hippocampal-mamillary origin: a review', *Journal of Neurology Psychology 26*, Barbizet, J., 1963）

　　上一章簡短討論過的病人，亨利，是截至目前研究最多的失憶症患者（Scoville, W. B. and Milnerm B., 1957）。因為對其記憶的研究發現是，長達幾十年來，如此根本地影響記憶固化與其他記憶面向的思考與研究，乃至我必須提供更多關於其生命史的事實。他的個案更是另一個範例，說明一種試圖處理非關記憶的難題，如何提供對於記憶的深刻洞察。亨利的癲癇症狀從六歲的小型發作開始，然後在十六歲出現重大發作時，情況更形棘手。到了二十七歲，發作的頻率和嚴重程度都大幅增加，而且無法藉由藥物治療控制。已知導致這種病發作的腦部區域移除手術，通常可以緩和或降低病情；因此，基於治療腦功能失調的嘗試，亨利施行一次切除兩邊內側顳部腦葉（medial temporal lobe）的外科手術。在他手術後幾天內，他的記憶就已經明顯受創，但耐人尋味的是，正如以下的討論，它又沒有全然受損。

　　他不再認得醫護人員……他不記得，也學不會怎麼走到浴室，而且他似

乎對醫院裡日復一日的遭遇都毫無所悉。他的早期記憶卻顯然鮮明而完整，他的說話很正常，他的社交行為與情緒反應都完全適當。……〔他〕可以一天又一天地玩著相同的拼圖遊戲卻看不出任何練習成效，也可以一遍又一遍地讀著相同雜誌卻渾然不覺得似曾相似。

然而，即使像這類嚴重的失憶，至少也容許一小段正常的專注時距……有一次人們要他記住「584」這組數字，然後讓他不受打擾地靜坐十五分鐘，這時候，他就能夠記住這個數字……被問到他怎麼能辦到時，他回答，「很簡單呀，你只要記得八，你看，五、八、四，加起來等於十七。你還記得八，十七減八等於九，九又等於左邊的五加右邊的四，所以你就得到584。簡單吧。」……經過一分鐘左右，〔他〕就想不起來「584」這個數字了……事實上，他並不知道剛才別人要他記住某組數字。在不同測驗之間，他會突然瞪著上方說……「現在，我懷疑，我是不是說錯或做錯什麼事了？你知道嗎，此刻每件事都一目了然，但，就在剛才發生了什麼事情？這就是困擾我的問題。就像大夢初醒，我什麼都不記得了。」（'Amnesia following operation on the temporal lobes', Milner, B., *Amnesia, Whitty*, C. W. M. & Zangwill, O. L., *1966*）

亨利對於最近經驗的直接記憶迅速消失無蹤。在被要求回答依序提示的兩種聲音或燈光是相同或不同時，他在提示相隔二十秒以內時幾乎都答對了，但和其他實驗對象不同，相隔六十秒就表現得很差。亨利的直接記憶，不同於一般人類對象的記憶，無法因重複而裨益。在很短的時期內，他只能記住最多六個數目，並且無法記住超過六個的連續數字，就算重複再多次也一樣。

不用「記」的記憶（memory without rememering）

蘇珊・柯爾金在過去數十年以來對亨利的記憶研究，清楚地指出，不管怎樣，亨利仍有能力學習某類資訊（'What's new with the amnesic patient H.M.?', *Nature Reviews Neuroscience 3*, Suzanne Corkin, 2002）。他能夠學習數種「隱性」的知覺記憶任務，以及某些特定的、外顯的資訊。在手術過了五年後，他搬進另一棟房子，並在那裡居住到一九七四年為止。等到他在一九六六年接受測試，還有一九七七年，搬走三年後，再次測試時，他仍能記得地址以及屋內的房間配置，儘管他是在腦部手術後才搬進舊居的。因此，儘管亨利學習缺乏定事件的持續記憶能力（事件記憶），他至少有能力學習某些遊刃有餘的基本資訊。

另一對學者愛德華・鄧與賴利・史奎爾研究的病患（'Memory for places long ago is intact after hippocampal damage', *Nature 400*, Edward Teng & Larry R. Squire, 1999），E.P.，則是兩側海馬迴和鄰近的顳葉區受到廣大傷害。這個病人的失憶症非常嚴重，連在一年間對他測試了超過四十次的研究人員都認不得。除此外，他對於他在失憶發作後才進住的，也是當時居住社區的街坊鄰居，都沒有印象。相形之下，E.P.對於他從前居住，但已搬離五十年以上的小鎮地理記憶卻栩栩如生。很明顯的，阻止他獲取新知的腦部傷害，沒有破壞他五十年前學到的空間資訊。此外，這些發現和亨利對手術後才進住的房屋平面位置記憶的研究，相當明確指出，空間資訊的取得絲毫不必仰賴完整的海馬迴系統。

　　前面提到，雖然不能學習新的直接資訊，亨利還是有能力學習和記憶部分隱性資訊。他在連續三天內接受指令，只能根據鏡裡的手與星形圖案，描摹出該圖案的輪廓線。他每天都進步一點，雖然經過一天又一天，他都不記得前一天做過這件事，他的技巧卻持續至少一年以上。對於失憶患者的後續研究提供充分證據，指出各種隱性資訊的記憶通常不受影響。以某個早期的著名研究為例，英國心理學家伊麗莎白・華林頓與勞倫斯・威斯克朗茲（'The effect of prior learning on subsequent retention in amnesic patients', *Neuropsychologia 12*, Elizabeth K. Warrington & Lawrence Weiskrantz, 1974）讓失憶患者觀看連續五張隨選同個尋常事物的圖卡，例如一架飛機或一個單字，如此連續三天。最初那張只顯示少許部分，因此不論平常人或失憶患者都難以辨認；每個下一張圖又比前一張露更多部分，第五張可以直接認出來。受試失憶患者在連續三天裡反覆進行實驗後，他們就可以認得圖中的物體或單字，即使只是看到非常殘缺的不完整圖像。這些失憶病人和亨利一樣，表現出自己不記得的記憶。賴利・史奎爾和他的研究夥伴（'Preserved memory in retrograde amnesia: sparing of a recently acquired skill', *Neuropsychologia 22*, Squire, L. R., Cohen, N. J. & Zouzounis, J. A., 1984 | 'The information that amnesics do not forget', *Journal of Experimental Psychology 10*, Graf, P., Squire, L. R. & Mandler, G., 1984）報告指出，失憶病人可以擁有完整的「隱性」學習能力，即使他們缺乏關於所學或學過該任務的直接記憶。比如說，他們可以學習並維持閱讀左右相反鏡像單字的能力；還有，單字以「abs___」或「in____」（請注意底線數目不同）呈現時，他們仍能正確無誤地填入「absent」或「income」──在他們被要求填完他們腦海浮現的第一個單字時，即使他們他們不記得看過這些單字的鏡像。

　　對失憶患者的研究顯然支持威廉・詹姆斯對短期與長期記憶的區分。

在失憶患者身上，短期記憶可以是，也通常是相當完整的。此外，這類研究顯示對內側顳葉構造的破壞，包含海馬迴以及鄰近小腦皮質，必定損害直接記憶的固化。然而，他們也揭露某種隱性記憶是不受影響的；甚至是嚴重失憶的病人。因此，似乎有其他腦部區域負責居間促成隱性學習的固化作用，包括某些知覺接收資訊以及運動技巧。這些以失憶患者為對象的先驅研究，相當能啟發不同腦部系統的進一步研究，在調停不同記憶型態所扮演的角色分工上。它們也引起另一些有趣的大哉問：這些隱性記憶的功能是什麼——不需經過直接記憶的記憶作用？很有可能是，這種學習對於諸多技巧的養成都是必須的——或許也是相當足夠的。顯然這在運動技巧的學習肯定是正確的，只因為這種學習是由運動技巧所構成。技巧外在與學習過程的直接記憶，在該技巧的呈現上，並不佔有重要地位。我們是否和失憶症的病人一樣，都擁有意識經驗不得進入的隱密記憶與學習世界？答案顯然是如此。在我們解釋我們自身的行為時，我們的直接記憶似會誤導我們。例如幾小時前看過「HOTEL」的失憶病人，在解釋為什麼他或她一看到「＿TEL」就能回答「HO」時，可能會這麼說：「我只是擅長填字遊戲。」我們在回答同樣的問題時，大概會說，我們之所以回應「HO」是因為我們記得在幾小時前，剛看過「HOTEL」這個字。當然這個答案對一個失憶症患者來說，是異想天開而荒謬的答案。那麼，我們的回答就比較不異想天開或不那麼荒謬嗎？恐怕不盡然。

很早以前與很久以後

如前面提到，而且也在本書後面將更深入探討的，大多數固化研究都

聚焦在學習後數小時或數天的期間內發生的作用。然而，臨床研究的發現暗示，記憶的固化可能持續數年之久。諸如腦部外傷、腦炎，中風或血或氧氣供應不足等情況導致的腦部受損，有時候可能引發之前數年內、甚至數十年內所發生經歷的回溯性失憶症。前面提到的失憶病人E.P.，就非常難想起發生在失憶症併發前四十年以上的經驗。另一位腦部遭受重創的病人，「……在返家時，幾乎想不起來她的家在大約意外六個月前曾經重新裝潢，並對那一塵不染的外觀驚訝不已……在頭部外傷重創前幾週或幾個月的記憶，通常變得很模糊，而且多少有些不完整。」（Whitty, C. W. M. & Zangwill, O. L., 1966）

許多年前，有位神經學家友人告訴我這個關於他母親的故事。他正在實驗室裡工作，還有一位來自匈牙利的同業來訪，這時他接到電話告知他母親重度中風，被送到醫院的加護病房安置。醫護人員都非常注意病情，因為，雖然她還有意識，卻「口齒不輕」地叨唸著。我的友人和那位來訪同業一起趕到醫院，幾分鐘後，那位同業就告訴護士，朋友的母親不斷努力告訴他們前幾小時的遭遇，但沒有成功。他之所以能夠知道這些，是因為她說的是匈牙利文。我的朋友母親從少女時代就移民到美國，數十年來都只說英文。在她突然中風以後，突然不再說英文，並恢復使用她的母語；顯然她的母語能力都還完整。不幸的是，我並不知道她的回溯失憶有沒有更惡化，並擴及她中風後幾十年間的其他記憶，還是僅僅限於選擇性地喪失說英語的能力。

導致提出保留─固化假說的初期發現，是基於測試只在前幾分鐘所學素材的殘留測驗研究。回溯失憶的實驗研究通常顯示，回溯失憶的曲線只延伸至幾小時或幾天。這些發現暗示，記憶固化大部分是在幾小時內就完成的，

又或許最多只有幾天。那麼，那些臨床研究發現，長達數十載直接記憶的回溯失憶症狀，又該如何詮釋呢？（'Consolidation theory and retrograde amnesia in humans', *Psychonomic Bulletin and Review 9;* Brown, A. S., 2002）難道某個經驗的記憶固化會持續終生都在發生嗎？還是說誘發極其漫長的失憶曲線，之所以導致更強烈的失憶症，是因為更強烈干擾了關鍵性腦功能？聽起來似乎非常不可能是（雖然，或許並非完全不可能），每次獨立經驗開啟的特定神經作用，將持續終生並緩慢固化。假如固化作用是這樣工作的，為什麼我們能擁有連續的記憶？回溯失憶將成為常規而非特例。另外也相當不可能是，所有回溯失憶案例中的實驗療法，並不比誘發長久回溯失憶曲線的天然傷害與疾病更易破壞腦部作用。我們顯然需要對失憶曲線逾數十年的給予不同解釋。

由亨利和其他失憶患者的研究得到一個線索，指出海馬迴與內側顳葉等相關區域對於促使小腦皮質的直接記憶長期固化而言，可能極其重要。可能是先在海馬迴產生直接資訊，然後傳送到皮質；另一說是，海馬迴會調節皮質區的神經回憶紀錄組織。根據其中任何一個觀點，皮質會隨時間而，漸漸的，變得獨立於海馬迴系統所構成的組織性影響外（'Retrograde amnesia and memory consolidation: a neurobiological perspective', *Current Opinion in Neurobiology 5*, Squire, L. R. & Alvarez, P., 1955）。這些長期回溯性失憶曲線的解釋，顯示海馬迴系統在腦皮質裡回憶紀錄的發展與整合上，有非常持久的調節作用。這些相當漫長的影響表現在圖6中的遠端曲線。這種記憶固化的後期階段，涉及海馬迴系統與皮質區的交互作用，而該作用是建立於學習後數小時，乃至數日內發生的早期記憶固化。這種觀點是以海馬迴參與直接（事件）記憶固化的實證為基礎，但前面曾提到，我們知道其他記憶形式根本不需要海馬迴系統的參與。因此，對於感官運動技巧以及隱性學習的其他形式，任何超長失憶的退化曲線

證據，還需要另外的解釋。不幸的是，目前關於技巧和其他隱性知識形態的回溯記憶所知仍有限。

絕大部分超長回溯失憶的報告，都是基於腦部受傷的病人記憶研究，不過實驗研究也構成部分重大的發現。賴利‧史奎爾與其夥伴發現，接受電擊療法的病患，其回溯失憶限於治療最近前兩年或三年的資訊（'Retrograde amnesia: temporal gradient in very long-tem memory following electroconvulsive therapy', *Science 187*， Squire, L. R., Slater, P. C. & Chace, P. M., *1975*）。而在動物身上，海馬迴受傷足以造成受傷前數週或數月訓練內容的回溯失憶。在檢證這項主張的某個研究中，（'Modality-specific retrograde amnesia of fear', *Science 256*， Jeansok J. Kim & Michael S. Fanselow, *1992*）詹松‧金恩與麥可‧范斯洛，讓老鼠在某個裝置裡接受一連串腳步聲的刺激，藉由評估其「戰慄」表現來探索牠們的記憶——當牠們在訓練三十五天後，被移回原先接受刺激的裝置內時。不同組的老鼠分別在訓練後一天、七天、兩週或四週破壞海馬迴；在訓練後第二十八天才受傷的老鼠，記憶的表現與沒有受傷的正常老鼠沒有兩樣，相形之下，在訓練後一天受傷的老鼠，沒有表現出任何訓練回憶的跡象，而訓練後一週或二週受傷的老鼠表現，雖然比一天的那組強烈，卻比四週的那組弱得多。這些超過數週間隔的回溯失憶證據，支持海馬迴參與這種訓練的記憶固化的假設，不過這種參與時效相當有限。超過一個月後，海馬迴就完全不干預了，無論就資訊的儲存或回復而言。因此，這些發現與人類病患的研究結果十分雷同，儘管在時間規模上：數週與數年是很大的差距。當然，假如我們從退化曲線相對於老鼠和人類對象的壽命來思考，這些結果就類似得多。這種類比導出動物身上的記憶作用，是完全與動物的壽命成比例的。這也是一個迄今尚未經過系統化探討的耐人尋味假設。

程序事件如何編碼：腦部活動與持續記憶

在失憶患者身上，短期與長期直接記憶之間的環節不見了，新的經驗無法留下持續的記憶。內側顳葉的海馬迴顯然就是那個消失的環節。在前面討論到，海馬迴受傷的失憶患者和動物的研究，強烈建議這個腦區塊在固化持續的直接記憶功能上，扮演了受到時間限制的關鍵角色。後面章節也將討論到，對海馬迴注射特定藥劑來強化長期記憶的實驗發現，也支持了前述這項結論。

數十年以來，或許更久也不為過，科學家們無不努力揣測，創造記憶的腦部應該是如何運作的。但願我們可以透過某種魔術，窺見頭蓋骨下不同腦區域的活動，以及其間將我們的經驗建造成記憶的互動過程。說到這裡，某些非侵入性的現代腦部影像技術，包括「正電子放射型電腦斷層造影術」和「功能性核磁共振造影術」（fMRI：functional Magnetic Resonance Imaging）等，已經逐漸實現我們的願望了。然而，儘管這些技術創造了腦部活動的功能影像，距離我們的目標還很遙遠，更為艱難的是，要利用這些影像破解腦部影像告訴我們的，關於特定腦區域之於記憶的功能。光是凝視著腦部或腦活動的影像，並不能看出我們的腦袋是如何創造記憶的。這種觀察必須有待確認——也就是說，腦活動只是另一種性質的表現依據，雖然是一種非常獨特而重要的表現特徵，但仍須藉由實驗證據，方能與記憶產生關鍵性的連結。

許多腦部造影的研究發現支持探討傷患的研究結論（'Memories are made

of this', *Science 218* , Rugg, M. D., 1998）。對文字和照片的長期記憶，在將記憶材料編碼的過程間，完全是隨內側顳葉的特定區域，即側海馬迴（parahippocampal gyrus）而變化的。比如說，在某項研究中，麥克・亞爾基瑞等人（'Hippocampal, but not amygdala activity at encoding correlates with long-term, free recall of nonemotional material', *Proceedings, National Academy of Sciences, USA 95* , Michael T. Alkire, Haier, R. J., Fallon, J. H., & Cahill, L., 1998），利用正電子放射型電腦斷層造影術紀錄實驗對象的腦部活動，當實驗者被動聆聽某些不帶情緒的、不具聯想性的字串時，隨後一天則測試字串的記憶。經過評估，在編碼期間（亦即被動聆聽）的側海馬迴活動，與後來回憶字串時的指數關聯性相當高（+0.91）。這就表示，學習字串時的腦活動程度，便可以預測隔天受試的記憶力。

這些腦部造影術目前仍未能使我們明瞭，就像傷患研究暗示的，為什麼海馬迴在特定資訊編碼經過很長時間後，仍然保持活躍？從實務觀點來說，我們很難想像這類資訊將能如何取得，因為在普通情境下，人類始終不斷對新的資訊進行編碼與固化。從晚期記憶活動中過濾較新記憶誘發的腦活動，再怎麼說也是個令人卻步的任務。前面提到諾曼・溫伯格的研究，顯示在特定聽覺皮質區的學習誘發神經反應變化，在訓練後仍可持續數日，而且神經元對於特定的，有意義聲音的選擇性反應，亦持續強化。這些關於持續（固化）的神經變化發現，藉由植入電極所紀錄的電流生理反應監控，表示腦部造影術確實能夠用來監測，決定了特定記憶固化的，學習所誘發的長時期神經元活動。在截至目前，利用腦部影像探索這個議題的唯一研究裡，法蘭克・海斯特等人（'Consolidation of human memory over decades revealed by functional magnetic resonance imaging (fMRI)', *Nature Neuroscience 4* , Haist, F., Gore, J. B., and Mao, H., 2001）引用核磁共振影像證據，報告指出海馬迴可以參與固化作用達數年，而

鄰近的內嗅皮質區（entorhinal cortex）更參與長達數十年。然而，暫時說起來，海馬迴可以長時期影響記憶固化的假設，主要仍依賴海馬迴機能受損的受傷病症臨床以及實驗研究。

　　有趣的是，倫敦的艾蓮諾‧馬奎爾與其研究團隊的研究結果（'Navigation-related structural change in the hippocampi of taxi drivers', *Proceedings, National Academy of Sciences, USA 97,* Eleanor A. Maguire, Gadian D. G., Johnsrudem I. S., Good, C. D., Ashburner, J., Frackowiak, R. S. J., & Frith, C. D., *2000* | 'Recalling routes around London: activation of the right hippocampus in taxi drivers', *Journal of Neuroscience 17,* Eleanor A. Maguire, Frackowiak, R. S. J., & Frith, C. D., *1997*），指出海馬迴的大量使用可能改變其構造。他們利用核磁共振影像，掃描倫敦的資深計程車駕駛海馬迴規模，但這些人必須是熟悉倫敦大街小巷的。計程車駕駛的海馬迴後端，都比缺乏大量駕駛經驗的對照組對象稍微大一點。相較之下，對照組駕駛的海馬迴前端竟然都比較大。另外，計程車司機海馬迴前端與後端體積，具有隨著計程車資歷月數而（稍微）改變的趨勢（從負零點六到正零點五代表相關性，相對來說）。在一份利用核磁共振造影來評估腦部活化的研究裡，馬奎爾和她的研究團隊也發現，在被要求回想倫敦街道的錯綜路徑時，計程車司機的右海馬迴是顯示活動的。儘管前述發現彷彿暗示著大而激化功能的海馬迴後端（及相對較小的海馬迴前端），對成功的計程車駕駛而言，可能是必要的條件，但發現本身並不能保證該項結論。鄧與史奎爾的研究發現，海馬迴兩側都遭受廣泛傷害的病患E.P.，對於回憶海馬迴受損前五十年所住城鎮的街廓印象並無困難，指出記憶早已熟悉的空間資訊，根本不需要有完整的海馬迴。因此，雖然動物以及人類研究的結論幾乎都不懷疑，海馬迴涉及關聯資訊的獲取過程，卻幾乎沒有證據指出海馬迴是決定長期記憶的改變所在位置。儘管使用海馬迴足以改變其結構，這類解剖學上

的改變是否導致更佳功能則還不明確；大小的變化可能只是反映出，越來越多將儲存於他處的新關聯資訊固化的海馬迴運用。然而，光是該項結論，就可以說是舉足輕重了。

重新檢閱短期記憶與長期記憶

威廉‧詹姆斯說得沒錯：初級與次級記憶是不同的記憶形態；並且仰賴不同的腦部作用。對我們大多人以及失憶病人來說，最新獲得的記憶通常都是最輕易流逝掉的。日常遭遇的詳細紀錄，大多是以日記或最新型的手持電腦裝置來保存，但我們確實擁有持續的記憶，這很明顯。那些記憶並非立即形成，而是，正如前面的討論，緩慢隨時間而固化的。我們的長期記憶詳細與強烈程度都會改變；下面幾章將一一檢驗負責調節強烈與持久記憶行程的腦部作用，及其外在條件。

❹ 記憶的煉金術

以時間煅煉的固化作用

　　許多年前，有個熟人要我推薦她能促進小孩學習與記憶的藥物名。我質疑她為何要讓自己的小孩吃這種藥，因為，那個孩子根本沒有任何學習與記憶方面的明確障礙。然而，她的用意顯然再清楚不過，正如人們普遍習於用藥物來解除痛苦，保持警醒，以及減輕焦慮與沮喪，那為什麼不能用藥物來促進學習與記憶，乃至於加強學業——用藥物強化記憶力呢？

　　迄今為止，還沒有適合讓兒童增進學習與記憶的藥物。此外，也沒有強化成人記憶力的藥物——除了少數治療阿滋海默症的用藥外。然而，從來沒有人會懷疑，開發改善一般兒童或成人學習、記憶的藥物，其中隱含相當可觀的利益。自從我被問到那個問題後，這些年以來，我問過許多朋友和鄰居，要是真的有這種安全而有效的記憶增強劑的話，他們願不願意服用，或者讓他們的下一代嚐試這種藥？答案通常是毫不遲疑地回答（只有極少數例外）：「我願意。」當然你更有理由懷疑我何須多此一問，因為今天，隨處可見許多暗示改善記憶神效的商品名稱。問題是這些產品的銷售量，雖然足以證明改善學習、記憶這塊市場的廣大商機，卻沒有什麼這類誘人產品確實有此神效的有力根據。不但如此，某些這種產品可能有傷害，或有其他潛在性的有害副作用——在合併其他常見的藥物一起服用時。

　　我在前面提到，雖然有許多治療如阿滋海默症等記憶病變的藥物，但這些藥的成效還不算立竿見影，而且它們肯定都不是能推薦鄰居和熟人、或他們的小孩服用的——何況這些人也沒有記憶方面的毛病。目前製藥和生物科技公司每年投入好幾百萬美元，研發具治療錯亂與／或衰退記憶神效的新型記憶增強劑。隨著這類藥物的開發，並且，證實除有效外，副作用也在可接受的範圍內，它們無疑將成為許多一心想增強記憶的消費者所關注的（也是

指日可待的）。但這些藥物研發出來以後，該不該用在我們這些沒有記憶病變的對象身上，還是一個牽連許多社會層面的複雜議題。比方說，試想像某種增強記憶的藥丸，和花生醬三明治與蘋果汁一起放在學童午餐盒裡的情景。倘若這幅情景終將成真，那我們最好祈禱這些藥丸很安全、很便宜，是全體民眾皆能享有的；但，如果全民皆能享有這種福利，那又何需多此一舉？另外，在這些藥丸研發成功前，我們應該先考慮一個重要的先決命題，那就是所有經驗都鉅細靡遺地過目不忘，究竟是不是個好主意。我們需要記得兩星期前的週四吃什麼午餐嗎？恐怕不；我們不需要滴水不漏地記住每次經驗。此外，我在後面章節也將提到，完整的記憶（total recall）也不是一件好事：它可能造成認知上的混亂。然而，假如兩星期前的週四發生過某件重要的事情，這時候，或許就有記憶的必要。或許是發現一張中獎的樂透彩券，或許是一場憤怒的交談或某人的求婚，又或許這兩者都在午餐時發生；也可能是食物特別好吃或難吃。這些可能情境當然都值得去記憶，因為它們對於未來的作為都有長遠的影響。所以，我們需要的是，對有意義的經驗選擇性增強的記憶。幸運的是，下一章將會討論，本能（nature）自有方法讓我們的腦子做到這一點。

正如上一章的討論，很多藥物會擾亂長期記憶的形成——藥物也會增進學習與記憶嗎？在許多利用動物實驗，絕大多數用大鼠與小鼠進行的研究，都問過這個題目。答案是肯定的，但我們將發現，這個「是」的答案多少顯得有些不單純。大多數探討藥物影響學習與記憶的研究目的，只是超然地、或間接地提到藥物增強人類記憶的實驗發現。更確實地說，絕大部分這類研究的主旨，是以藥物為研究工具，連同許多其他技巧，去探索學習與記憶背後的神經機制。藥物影響學習與記憶的研究，已經提供了使有意義事件形成

持續記憶的機制的關鍵線索。要思考這類研究是如何提供造就長期記憶所需神經系統的深刻洞察，我們首先要稍微回顧一下它們的歷史背景，某些關鍵發展、概念和方法上的議題，以及實驗發現。

刺激的學習

第一個發現藥物能強化學習成效的實驗，是心理學家卡爾‧賴敘利（'The effects of strychnine and caffeine upon the rate of learning', *Psychobiology I*, Karl S. Lashley, *1917*）在一九一七年發表的。實驗的大鼠先接受多重通道的迷津訓練，然後在每次實驗最後，牠們都會在最後的正確巷道中找到食物。在每一天的訓練程序前，這些老鼠都要分別注射食鹽水或含有番木虌鹼（strychnine）興奮劑的溶液。賴敘利實驗的命題為：低劑量的、不致引發抽搐的興奮劑是否提高大鼠記憶迷津的學習效率。答案是肯定的：每次訓練程序前注射番木虌鹼的大鼠對迷津的學習優於只注射食鹽水的大鼠；前者在每次訓練期間所犯的錯誤（闖入錯誤的通道）更少，學會迷津正確路徑所需的訓練次數也更少。

在那時候，低劑量的番木虌鹼普遍可見於許多不需透過處方簽的專利藥，或「成藥」裡；但有個基本前提是，從以前到現在，番木虌鹼都是當成老鼠藥用。在非常少的劑量下，它是一種中心神經系統興奮劑，而較高的劑量則足以引發抽搐乃至死亡。此外，另一個基本的提醒是，後面討論到增強記憶的實驗研究，絕大多數所用的藥物都不能、也不該用在任何人類對象上。這些藥的功用僅僅限於提供對於記憶機制的深入理解。

　　時值六〇年代中期，我們正是加州柏克萊大學的研究生，我和路易士·佩奇諾維奇（Lewis Petrinovich）在圖書館尋找腦部化學與行為研究班專題報告資料時，發現賴叙利的論文。這篇論文在我們看來，特別有趣的原因是，就我們所知，這是唯一一篇證實藥物強化學習的報告。為了解這些結果是否能夠加以複製，我們重做這些實驗，也很滿意於近似的研究結果（'The effect of strychnine sulphate on maze-learning', *The American Journal of Psychology 72*, McGaugh, J. L. & Petrinovich, L. , *1959*）。這兩組實驗的發現顯然相當明確：低劑量的腦部興奮劑可加強學習與記憶，但這些發現確實代表什麼意義嗎？不，不盡然如此。和賴叙利一樣，我們只發現在訓練前注射興奮劑的實驗組，走迷津的表現優於注射食鹽水的對照組。因為增強了學習與記憶而導致表現變好，只是一種可能的推論。藥物也可能只改善老鼠在走迷津方面的表現，且純粹是基於一種或多種其他因素。

　　（愛德華·托爾曼[Edward C. Tolman , 1932]首先強調）學習與表現之間的分野，正是理解與詮釋這類實驗結果的判準。藥物或能藉由改善感知系統（亦即視覺、嗅覺、觸覺等）、靈敏度、專注性、運動能力，或諸多影響老鼠走迷津的其他作用而增進走迷津的表現。當然啦，假如一個人只在乎讓老鼠走迷津的表現更好，那就不需要關心此種改善的背後因素：動物訓練人員並非以其對學習／表現區別的在乎而出名；但是，假如有人，就像我們一樣，想知道藥物是否強化學習與記憶，那實驗結果只能說是支持了這項結論；尚有太多不同的可能解釋。在介於其間這些年裡，許多研究報告補充另一項在訓練前施用藥物可強化動物學習表現的證據。不幸的是，這類研究的補充證據既不有趣、也沒什麼幫助，因為它也不構成對此種強化現象背後基礎的任何洞察。

固化的線索

　　探索藥物對記憶的增強作用，要怎樣才不涉及學習與表現之間的複雜糾葛呢？在第三章提到的發現顯示，在訓練程序後約莫一小時時間內施行電擊療法，將導致回溯失憶，這支持了學習激發的神經活動在訓練後，仍持續一段時間才固化為持續記憶的臆測。這些結果於是暗示某種探索藥物增強記憶的新方向，而不需顧慮藥物對表現的影響。假如長期記憶固化的關鍵，在於神經系統在訓練後的持續作用，那麼，由此引申出，也可能藉由在訓練後迅速使用興奮劑來增強記憶固化。因此不論在訓練期間，或測驗訓練所獲記憶的表現期間，實驗動物都不在藥效的直接影響下，而避開了藥物影響學習或表現的爭議。當老鼠在籠子裡靜靜休息的時候，這些藥物將影響訓練程序後的腦部活動，並將在幾小時內（透過代謝與排泄作用）排出體外，距離次日的存留記憶測驗，也還有一段時間。

　　在想出可以讓興奮劑選擇性強化腦中最新形成印象的記憶固化作用之後，我興匆匆地，懷著滿腔熱誠跑到某個研究指導教授的辦公室裡，告訴他我的構想。用最簡單扼要的話來摘錄他的回應與建議就是：這是個很糟的想法，我應該放棄。這是一場短暫的討論，所以，我等到他去歐洲休年假的時候，才進行第一個探討在訓練後立即注射興奮劑，對老鼠的長期記憶有何影響的實驗；在這次實驗裡，有些老鼠是注射食鹽水的對照組，其他老鼠則注射不同劑量的番木虌鹼——在每天訓練牠們穿過，我和佩奇諾維奇在上次研究裡所使用的同個迷津後立即注射。我很欣喜地（也很震驚地）發現，在訓練後

注射番木虌鹼的老鼠犯錯次數更少，學習有食物獎勵的迷津正確路徑所需的訓練次數也更少了（'Some neurochemical factors in learning', 加州柏克萊大學, 未發表研究題目, McGaugh, J. L., 1959）。不但如此，劑量越高增強效果就越大，所以訓練後注射藥物能強化記憶。

然而我的結論是正確的嗎？訓練後注射藥物真能強化記憶嗎？這些實驗發現顯然指向如此暗示的強烈證據。我認為它們是可以的（或至少我想要這番結論）。當然，在科學的工作裡，實驗發現無法證明假設必然為真；卻可以證實其他假設不為真。當其餘解釋皆隨有力的反證而消去時，某個主張的可信度就越來越高。這麼一來顯然，在我能更有力地主張訓練後注射藥物能強化記憶時，必須先對其他可能的解釋通盤考量。

每一個實驗都必須從實驗者可能的預設立場予以考量及捍衛。在我的實驗中，我採用藥瓶底部標記密碼的傳統做法，只有在完成實驗後才解碼。這樣一來，由於我不知道哪些老鼠注射興奮劑，而哪些老鼠又是對照組，實驗者的成見就不太可能導致實驗結果的不同詮釋。那麼，在訓練後施打藥物也是某種獎勵的可能性又如何呢？畢竟，某些禁藥被當作獎賞倒是時有所聞。不過後來又有研究發現，那些訓練後注射的低劑量興奮劑，並不影響實驗結果，就算用食物獎勵代替注射也一樣。因此獎勵效應的解釋也被排除。還有一種可能性是訓練後注射的藥物，或許沒有在二十四小時內完全代謝或排泄出體外，所以，可能直接影響注射次日的表現。但另有發現排除這種可能解釋；興奮劑只在訓練後迅速施用時才最具影響力。在訓練後數小時——就是說，越接近測試時——才注射藥物，對記憶則絲毫沒有影響，因此在訓練後迅速注射藥物更不可能直接改變記憶力的表現了。第三章的圖5上半部，顯示

了回溯性的記憶強化。

在後來這些年間，訓練後施用藥物可強化記憶的發現，已被世界各地實驗室所進行的眾多實驗所複製了，而實驗發現也排除其他假設（'Involvement of hormonal and neuromodulatory systems in the regulation of memory storage', *Annual Review of Neuroscience 12,* **McGaugh J. L.,** *1989* | 'Dissociating learning and performance: drug and hormone enhancement of memory storage', *Brain Research Bulletin 23,* **McGaugh J. L.,** *1989*）。因此，藥物可強化記憶固化的結論，如今受到廣泛證據的強烈支持。看來它顯然還不是一個太糟的構想。

去了哪裡，做了什麼

藥物強化記憶的實驗是從迷津學習的研究展開的；但我們也知道，有許多不同的學習類型，而不同的學習作業也需要不同腦系統處理的不同記憶形式。所以，在缺乏進一步的證據之前，上述的結論可能稍嫌武斷。當然沒有人懷疑藥物可以強化食物獎勵的迷津訓練記憶，但可以強化涉及迷津學習作業之外不同腦系統的別種作業記憶嗎？在實驗的層次，這個根本的問題可以從兩個方向來問：許多實驗是在研究訓練後施用藥物，對於典型動物學習研究，尤其是老鼠研究所適用的不同學習作業記憶影響。這些實驗不著力於判別需要特定記憶、或特定腦部系統的學習作業；但這類研究卻動用到許多種作業，顯然更取決於幾乎完全依賴不同腦系統的各類學習。另一方向研究則採用被視為極需特定記憶形式的學習作業，並涉及特定的腦部系統。我將討論這兩種實驗的某些案例，最重要的是起碼知道，某些作業類型是，用來理解這類作業的研究發現如何證實了藥物加強記憶固化的典型方法。

在走迷津時，老鼠顯然先學習到迷津的特定位置，隨著訓練繼續下去，也學會如轉彎等成果的習慣反應。考量到海馬迴涉及迷津學習的早期階段，以及尾狀核隨後介入的證據（見第二章），在訓練後施用藥物可能影響涵蓋位置與反應兩種學習。如後面的討論，雖然有充分的證據支持這點，但也有明確證據顯示，藥物能強化獎勵位於迷津何處的記憶；在單次的訓練實驗裡。在早期對這個主題的研究之中（'Drug facilitation of memory in rats', *Psychonomic Science 2, Petrinovich, L., Bradford, D. and McGaugh, J. L., 1965*），我和佩奇諾維奇在高出地面約一公尺的開放式（沒有牆的）Ｔ型迷津裡訓練沒喝水的老鼠。在第一次訓練實驗裡，牠們會在其中一臂的底部找到飲水；在下一次的實驗裡，飲水的獎勵又改成放在Ｔ字型的另外一臂。老鼠想喝到水的唯一方法，就是記得上次所做的選擇，並在下次實驗裡走到另外（即相反）一臂。在初次實驗後注射鹽水的老鼠，即使延遲約莫三小時，下次仍能正確地選擇另一臂。在初次實驗後注射番木鱉鹼的老鼠，即使延遲九小時，也都能在下次表現正確；甚至維持更久，因為受測間隔最久只有九小時。顯然，位置而非反應的記憶被強化了，因為正確的選擇需要不同於前次實驗所做的反應（在Ｔ型的中點應該左轉或右轉）。而在採用Ｙ字型迷陣的另一實驗中，老鼠每天都接受許多食物獎勵的訓練。這個迷陣的兩條岔路，其中一條是黑色、另一條是白色，左、右的位置則可以隨意變更，並訓練老鼠食物的暗示不是特定的位置，而是顏色比較淺的那條岔路。在每天訓練程序後立即注射，或在訓練步驟前或後一小時內施用低劑量的不同興奮劑，藉以加強記憶的留存。

訓練所採用的獎勵或刺激類型，在藥物強化記憶的研究中，顯然不是重點。許多研究，或許絕大多數研究，都利用腳步聲來作反向訓練。許多實驗利用「鼓勵逃避作業」（active avoidance task），其中訓練老鼠作出特定

反應，例如為了避免腳步聲而從盒子的一端敏捷地跑到另一端，或壓住某個控制桿，或轉動飛輪——在回應某個信號的時候。這類作業顯然必須學習收到提示時應如何行動。在其他實驗中，老鼠得學會區別兩種不同的提示，譬如深色或淺色的通道，才能躲避某次腳步聲。在這種作業中，牠們要學會如何行動：即躲避；以及該往何處逃：即特定走道。另一種常見實驗則是前後背景的恐懼制約，在這種實驗中，只需將老鼠放在某個裝置裡，再用一連串的腳步聲訓練。訓練經歷記憶通常藉著測量再次將老鼠置入該裝置時，全身維持僵硬（動也不動）的時間長度而測知（'Factors governing one-trial contextual conditioning', *Animal Learning and Behavior 18,* Fanselow, M. S., *1990* , Kim, J. J., and Fanselow, M. S., *1992*）。

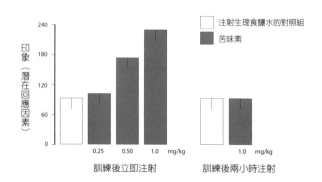

圖7　訓練後注射防己毒素能強化記憶固化。在逃避抑制訓練後立即對老鼠注射此種藥物導致次日測試的記憶強度，與其劑量成正比。在訓練後兩小時注射則不影響記憶。訓練後的時效性是讓「藥物影響記憶固化」假說成立的必要因素。Castellano & McGaugh, 1989。

　　或許最常用於研究記憶強化的反向訓練非「抑制逃避作業」（inhibitory avoidance task）莫屬，這種作業的共同特徵是採用背景恐懼制約。（逃避抑制實驗，原本是E. D. 托爾曼實驗室的某位研究生布拉佛德·哈德森［Bradford Hudson］先開始研

究的。穆瑞・賈維克［Murray Jarvik］又修改其步驟以適用回溯失憶的單次學習研究。）在抑制逃避訓練中，老鼠被放在一個作為起點的狹小隔間內或很窄的平台上，一進入較大的隔間或爬下平台，就用低聲度的單一腳步刺激之。通常間隔一兩、天後再以單次實驗測試訓練記憶，做法是將老鼠放在起始的隔間內或平台上，並紀錄牠們需要等多久才敢移動到會聽見腳步聲的隔間。圖7顯示的就是名為防己毒素（Picrotoxin，或苦味素）的興奮劑，之於抑制逃避記憶的作用。在訓練後立即施用防己毒素，能增強次日測驗的印象表現。訓練後兩小時才注射藥物，則不影響記憶（'Retention enhancement with post-training picrotoxin: lack of state dependency', *Behavioral and Neural Biology 51,* Castellano, C., & McGaugh, J. L., 1989）。這些發現相當類似前述迷津學習作業的研究。英國神經生物學家史提芬・羅斯的許多研究是探索初生一天的小雞，施以不同抑制逃避的作業訓練時的記憶強化（Steven P. R. Rose, 2001）。首先讓這些小雞啄食浸過味道不佳溶劑的顆粒，當隔天再看到這種顆粒時，小雞刻意避開的行為（我差點要說成牠們的表情），顯然暗示牠們是記得那種味道的。就所有抑制逃避的作業來說，在測試裡的反應延遲越久，就可以視為反面經驗的記憶越佳的證明。此外，由於單次訓練實驗裡的學習經驗，是發生在很短的過程間，是故看起來實驗動物顯然獲得與保留了訓練提示與反面經驗之間連結的外顯資訊。

很顯然的，藥物對於記憶固化的加強不僅限於迷津學習的研究。所有前述的作業與程序，以及許多其他實驗，都可被援引為訓練後注射藥物具加強記憶固化效應的研究；所有這些作業也都發現記憶被強化的證據。當然，我們不知道藥物是否增強個別或所有可能經驗的固化作用。其間也可能有某一種、或不只一種的經驗記憶，是無法藉由訓練後施用藥物而增強的；但現有充分證據支持藥物可以增強記憶固化，以及這種效應並不限於特定記憶形

式、或少數記憶作業的有力結論。

選擇性的意義

於是，你可能會問了（甚至在閱讀前面的討論時可能早就想問），知道了藥物增強記憶固化的意義在於什麼？我們大可懷疑這些發現可以（或應該）應用在動物的訓練上；試想一頭大象或獅子在訓練後注射針劑的可能性。這類發現可以直接導向強化人類記憶的藥物發展嗎？它們可能讓學童（或成人）午餐盒裡的小藥丸化為真實嗎？不太可能。知道記憶是可以被強化的很重要嗎？也不盡然。重要的只是知道，訓練後立即施用藥物可以強化記憶，訓練後數小時才施用藥物則無法增強記憶——亦即，藥物可以選擇性地強化近期經歷記憶的證明，才是具關鍵重要性的發現。

在學習方結束之際，腦袋正處在一種容許破壞（在回溯性失憶症裡）或強化長期記憶固化的狀態。這些發現暗示了（至少有）兩個主要的問題。第一個，為什麼人腦的構造是容許這些影響的？這個重要議題，也是本書的主題，將是下一章的內容。第二個，我們可以利用從藥物強化記憶研究所得的資訊，來釐清執掌記憶固化作用的腦部機制嗎？現在讓我們來探討第二個題目。

切換腦部轉轍

直到現在為止，我討論過番木虌鹼與防己毒素的部分藥效，但幾乎沒有

提及其他「興奮劑」的強化記憶效果。在七〇年代期間，報導指出許多具有各種不同功效的藥物，包括米特拉唑（metrazol）、毒扁豆鹼（physostigmine）與安非他命（以及其他藥物）等，都有強化記憶固化的效果。文獻上有記載的名單很長；但調查這些藥物的用意，倒不是要建立一份鉅細靡遺的總表。不同藥物會透過不同機制影響腦部，如今人們知道，以上提到的各種藥物都以不同的方式來影響腦部的機能。釐清藥物功效便能追蹤腦部系統固化記憶的線索，讓我們來看一看許多已知的藥物功效——為了探討這項研究，我必須用到不少藥物名，並指出它們的主要作用；表1概述了這些藥物之於腦活動與記憶固化的部分作用，它將有助於以下段落的深入閱讀。

藥名	神經受體作用
Picrotoxin & Bicuculline｜ 防己毒素和荷包牡丹鹼	阻斷 γ 胺基丁酸（GABA）受體 ［γ 胺基丁酸是一種抑制性的神經傳導物質］
Diazepam（Valium）｜安定（凡林：商品名）	某種苯二氮平類藥物：可能具 γ 胺基丁酸的效果
Flumazenil｜福馬西尼	阻斷苯二氮平類藥效
Muscimol｜蠅蕈醇	活化 γ 胺基丁酸受體
Naloxone｜納洛酮	阻斷鴉片類受體
Morphine & Beta-Endorphin｜嗎啡和 β 腦內啡	活化鴉片類受體
Oxotremorine｜氧化震顫素	活化膽鹼類受體
Physostigmine｜毒扁豆鹼	作用為非直接地活化膽鹼類受體
Scopolamine & Atropine｜莨菪鹼和阿托品	阻斷膽鹼類受體
Amphetamine｜安非他命	（非直接地）刺激正腎上腺素受體與多巴胺受體

表1　某些已知影響記憶固化的藥物

在早年關於藥物影響記憶固化的研究裡（六○年代末到七○年代初期），對藥物作用機制所知仍相當有限。番木鱉鹼、米特拉唑（戊四氮或戊甲烯四氮唑）與防己毒素是少數已知的興奮劑或驚厥劑。米特拉唑的功能，正如第二章的討論，是在治療精神病變與探討藥物對癲癇症的療效時，作為誘發驚厥之用。最近幾十年以來，對於這些和其他改變記憶固化的藥物如何影響腦部活動，也有更多發現。如今我們知道防己毒素這種藥的功能，是阻斷GABA（γ胺基丁酸）的表現，後者是腦中抑制神經元活動的某種神經傳導物質。因此，防己毒素所導致的興奮，乃是由於間接阻斷位於神經元的受體，而這些神經元正是由腦部釋出的γ胺基丁酸所啟動的——因為抑制作用被抑制而導致興奮。蠅蕈醇這種藥的作用就像正常釋出的γ氨基丁酸一樣抑制神經元活動，而導致回溯性失憶；凡林和其他苯二氮平類藥物，作用是增強γ胺基丁酸受體的功能而治療焦慮。因此，這兩種藥會破壞記憶的固化不令人意外（'Basolateral amygdala lesions block diazepam-induced anterograde amnesia in an inhibitory avoidance task' *Proceedings, National Academy of Sciences, USA 89,* Tomaz, C., Dickinson-Anson, H. & McGaugh, J. L., *1992*），而且另一種藥，福馬西尼也因為阻斷苯二氮平類的作用而增強記憶固化（'Effect of post-training injections of flumazenil into the amygdala, hippocampus and septum on retention of habituation and of inhibitory avoidance in rats', *Brazilian Journal of Medical and Biological Research 24,* Da Cunha, C., Wolfman, C., Huang, C., Walz, R., Koya, R., Bianchin, M., Medina, J. H. & Izquierdo, I., *1991*）。

　　訓練後注射刺激性神經傳導物質麩氨酸（glutamate）能強化記憶，阻斷麩氨酸所強化的特定受體的藥物，則會減弱記憶。影響乙醯膽鹼（acetylcholine）這種神經傳導物質的藥物也會影響記憶。許多治療阿滋海默症的藥，都是藉由抑制某種分解乙醯膽鹼的酵素，來延長腦部神經元所釋

出的乙醯膽鹼作用。有一種這類效果的藥物，毒扁豆鹼，是最早被發現能增
強記憶固化的數種藥物之一（'Posttrial injections of an anti-cholinesterase drug on maze
learning in two strains of rats', *Psychopharmacologia 5,* Stratton, L. O. & Petrinovich, L., 1963；這是第
一篇報導可藉由調整乙醯膽鹼活動而增強記憶的研究），這類藥物可以引起對乙醯膽鹼敏感的
腦部受體（專有名詞為膽鹼類受體）興奮的反應。其他藥物如氧化震顫素是直接刺
激某種共通的膽鹼類受體（毒菌鹼受體），藥物如阿托品與莨菪鹼等則阻斷毒菌
鹼受體。許多實驗都發現，刺激膽鹼類受體的藥物能增強記憶，而阻斷這類
受體的藥物則導致回溯失憶。

　　相似的模式也出現在許多其他藥物群裡；例如那些阻斷鴉片受體的納
洛酮，可以增強記憶的固化，類鴉片胜太如 β 腦內啡和嗎啡等將損壞記憶固
化。其他藥物如安非他命，不是直接地刺激平常為正腎上腺素（以及多巴胺，
DA）所活化的受體，連同那些直接刺激正腎上腺素的受體（即腎上腺素受體）
的藥物，均能增強記憶的固化，阻斷腦部腎上腺素受體的藥物亦妨礙記憶固
化。

　　如此一來，整個發展就成為清晰而一致的脈絡：開啟或關閉特定的腦部
受體，就可以改變記憶的固化，刺激與阻斷特定腦部受體的藥物，對於記憶
固化剛好有著完全相反的作用（'Interaction of neuromodulatory systems in regulating
memory storage', *Behavioural Brain Research 83,* McGaugh, J. L. & Cahill, L., 1997）。

儲存記憶的位置：杏仁核、海馬迴、尾狀核

　　前面扼要摘要的研究，當然不是為了詳盡列出實驗發現的總表。更確切地說，這些研究構成有趣及重要的證據，顯示藥物如何作用在某些腦中進行溝通的化學層次，即神經傳導物質（以及神經調節物質；它負責調節刺激性與抑制性的神經傳導物質）上，藉以影響記憶的固化。絕大多數提及的藥物，都在有系統地（即在靜脈血管、肌肉組織，或其他週邊身體部位）注射後很快便直接進入腦部，而且它們也是，以調節持續記憶的形成，而在腦部作用著；但是，這些結論只是根據歸納的證據而做出的推斷。這看起來是比較安全的陳述，至少應該沒人會認為記憶的作用是在血管、肌肉或體腔之內進行吧。藥物在腦部作用的推測，可以藉由直接在特定腦區域注射藥物而檢驗之。許多針對這個題目的研究發現，所有前面討論的藥物，都能在注射至腦部特定區塊時影響記憶固化，然而，更有趣的發現是，藥效的表現皆取決於針劑注射的特定部位。因此，在判斷不同腦部區域介入記憶固化的程度與角色上，藥物就成了相當管用的工具。

杏仁核

　　杏仁核（amygdala）是一個位在顳葉內部深處兩側的杏仁狀區域，是最早開啟記憶固化研究（見第二章圖3）的腦部區域之一。在七〇年代初，葛拉漢・高達爾就在大鼠身上發現，用電擊刺激杏仁核會造成反向訓練經歷的迴溯失憶。許多後續研究確認這些結果，此外更重要的，還發現在訓練後，對杏仁核的輕度刺激能強化記憶（'Amygdaloid stimulation and learning in the rat', Journal of

Comparative and Physiological Psychology 58, Graham Goddard, *1964* | 'Modulation of memory by electrical stimulation of the brain', *Neural Mechanisms of Learning and Memory,* **Rosenzweig, M. R.** **and Bennett, E. L. 編, McGaugh, J. L. & Gold, P. E., *1976*）。這些研究更加確立了杏仁核乃是** 介入記憶固化的關鍵部位。

　　這些發現也暗示了直接將藥物注射至杏仁核影響記憶固化的有趣可能性。在他們首開風氣之先的實驗中，米歇拉‧嘉勒與夥伴發現，只要將少許低劑量的鴉片類受體組斷劑，納洛酮，於抑制逃避訓練後立即注射至老鼠的杏仁核內，就能強化其記憶（'A neuropharmacology of amygdaloid systems which contribute to learning and memory', **Michela Gallgher, Kapp, B. S., Pascoe, J. P., & Raoo, P. R.,** | *The Amygdaloid Complex,* **Ben-Air, Y. 編, *1981*）**，注射麻醉劑左旋嗎汎（levorphanol）則減弱記憶。他們也發現對杏仁核內的腎上腺素受體作用的藥物注射，足以影響記憶的固化。後來，我的實驗室也投入研究在抑制逃避訓練，以及前述的其他作業之後，對杏仁核注射多種不同藥物的影響（'Amygdala: Role in modulation of memory storage', **McGaugh, J. L.,** *The Amygdala: A Functional Analysis,* **Aggleton, J. P. 編, *2000*）。** 就像先前透過有系統地注射藥物所發現的，在杏仁核內注射膽鹼類與奮劑毒扁豆鹼或氧化震顫素能強化記憶，注射膽鹼類受體組斷劑阿托品或莨菪鹼能減弱記憶。類似的是，在訓練後注射 γ 胺基丁酸受體拮抗劑荷包牡丹鹼至杏仁核內強化記憶，另外 γ 胺基丁酸受體作用劑（agonist，原文誤植為對抗劑，antagonist）蠅蕈醇則減弱記憶。

　　某個明確圖像顯然逐漸成形了：對所有應用於研究的藥物來說，系統化地注射與針對杏仁核注射，對記憶固化的影響力似乎不相上下；但其餘研究卻勾勒出更複雜而有趣的圖像。注射腎上腺素阻斷劑　（如 β 型拮抗劑思特來〔

propranolol〕）至杏仁核內，會妨礙荷包牡丹鹼或納洛酮對記憶的強化作用。這個發現暗示了這些藥物對記憶的影響，至少部份是通過杏仁核內的作用而達成的，此外對記憶的作用也必須先啟動杏仁核內的腎上腺受體。

　　於是，這些發現的複雜性遂指出藥物在杏仁核內作用的明確後果。各種藥物對記憶固化的影響，顯然都在杏仁核內進行整合，透過促成神經傳導物質正腎上腺素的釋放及腎上腺素受體的活化。這些發現與結論是基於藥物研究，也受到以老鼠檢驗正腎上腺素在杏仁核內釋放的藥物效果與訓練研究的支持。實驗將微透吸探針插入杏仁核內，取出微量細胞外液體，隨後分析這些液體測量正腎上腺素（利用一種叫做「高性能液態色層分析」的技術，簡稱HPLC）。在系統化地注射納絡酮或防己毒素這類加強記憶固化的藥物之後，正腎上腺素的濃度升高了。而減弱記憶固化的藥物，包括蠅蕈醇等卻減低了正腎上腺素釋出的濃度。此外，也是非常耐人尋味的，抑制逃避訓練會增加杏仁核內釋出的正腎上腺素濃度；不但如此，其後個別動物的記憶留存表現，更與訓練後在杏仁核內測得的正腎上腺濃度成正比（'Norepinephrine release in the amygdala in response to footshock and opioid peptidergic drugs', *Brain Research 808,* Quirarte, G. L., Galvez, R., Roozendaal, B. & McGaugh, J. L., *1998* | 'Response of amygdalar norepinephrine to footshock and GABAergic drugs using in vivo microdialysis and HPLC', *Brain Research 835,* Hatfield, T., Spanis, C. & McGaugh, J. L., *1999* | 'Amygdala norepinephrine levels after training produce inhibitory avoidance retention performance in rats', *European Journal of Neuroscience 16,* McIntyre, C. K., Hatfield, T. & McGaugh, J. L., *2002*）。顯然，杏仁核內釋放的正腎上腺素，正是記憶固化的重要調節因子（見表2）。

治療用藥	神經受體作用	記憶的影響	杏仁核內的正腎上腺素
腎上腺素	腎上腺素受體作用劑	增強	增加
防己毒素	γ胺基丁酸受體拮抗劑	增強	增加
蠅蕈醇	γ胺基丁酸受體作用劑	減弱	減少
納洛酮	鴉片類受體拮抗劑	增強	增加
β腦內啡	鴉片類受體作用劑	減弱	減少
抑制逃避訓練		增加	

表2 記憶固化的治療用藥與杏仁核所釋出的正腎上腺素

　　還有很多有趣而重要的複雜關聯性。若注射膽鹼類受體阻斷劑，如阿托品或莨菪鹼至杏仁核內，就可以中斷有系統地注射、或杏仁核內注射鴉片類、γ胺基丁酸或正腎上腺素受體作用／拮抗劑的記憶調節作用。於是，已知杏仁核內涉及正腎上腺的藥物整合順序，也受到杏仁核內的膽鹼類興奮劑的左右。我們將在下一章深入探討，某個杏仁核內的特殊小區域，杏仁核側底核（basolateral amygdala），正是涉及調節記憶固化的關鍵樞紐。

海馬迴與尾狀核

　　藥物只有在杏仁核作用才會影響記憶嗎？答案顯然是否定的。在訓練後注射至許多不同區域，藥物都可以強化記憶。我們已經知道，許多腦部區域都是根據它們的外型而命名的；不妨猜猜看「紅核」或「下橄欖（核）」

長得什麼模樣。另有兩個在前面章節簡短探討過，對記憶很重要的腦區域，在訓練後注射至其中也會影響記憶，但它們更多是關係到最近學過的資訊類型。將藥物注射至這兩個區域內，將選擇性地影響不同種類訓練的固化程序。

先來談談某些背景吧。許多針對這個主題的研究，都用一種「莫里斯水迷津」來訓練大鼠（'Development of a water-maze procedure for studying spatial learning in the rat' *Journal of Neuroscience Methods 11,* Morris, R. G. M., *1984*），它只是一個直徑約兩公尺的水槽。在某項常見的作業裡，要訓練大鼠以整個房間牆面的海報或廚櫃等清楚可見的「標誌」為參考座標，游到一個靠近水槽特定位置，並稍微浸在水面下（但不是完全不見）的透明塑膠浮台出口。在另一項作業裡，又訓練大鼠游到一個有圖案浮球在上方標示可見或「提示」的浮台出口，但這個出口位置不同於每次訓練的所在處。在諾曼·懷特，和包括馬克·巴卡德在內的團隊所做的實驗裡（'Multiple parallel memory systems in the brain of the rat', *Neurobiology of Learning and Memory 77,* Norman M. White, & McDonald, R. J., *2002*），他們發現，海馬迴機能因腦傷而受損的大鼠，對於水下浮台的學習印象，並不干擾牠們學習游到有提示的不同浮台。與之相反的是，尾狀核傷害則破壞提示性的學習，卻不影響位置的學習印象。許多探討腦傷影響的研究發現，海馬迴與尾狀核選擇性地參與不同學習類型：位置的學習，或提示的學習（該去哪裡或該做什麼）。因此人們或許不意外於得知，後來馬克·巴卡德與其夥伴亦發現，在位置或提示性的訓練後，對這兩個腦部區域進行注射竟產生迥異的結果。訓練後對海馬迴注射安非他命，將強化位置的訓練記憶，對尾狀核注射安非他命則選擇性地強化提示性的訓練記憶（'Amygdala modulation of hippocampal-dependent and caudate nucleus-dependent memory processes', *Proceedings,*

National Academy of Sciences, USA 91, **Mark G. Packard, Cahill, L. & McGaugh, J. L.,** *1994* | 'Amygdala modulation of multiple memory systems: Hippocampus and caudate-putamen', *Neurobiology of Learning and Memory 69,* **Packard, M. G. & Teacher, L.,** *1998*）。

　　這兩個腦部區域在遇到不同的學習作業時，顯然有不同的職責，但是在遇到同時引發該去哪裡或該做什麼的學習作業時，它們該怎麼做？在探討海馬迴與尾狀核在第二章提到的Ｔ型迷津學習裡，分別扮演何種功能的研究時，發現海馬迴涉及關於位置的早期學習，尾狀核發揮於持續訓練後的慣性反應學習。馬克・巴卡德發現這兩種Ｔ型迷津學習都可藉由訓練後注射而強化，但強化效果卻取決於接受訓練後注射的部位，是海馬迴或尾狀核（'Glutamate infused post-training into the hippocampus or caudate-putamen differentially strengthens place and response learning', *Proceedings, National Academy of Sciences, USA 96,* **Packard, M. G.,** *1999*）。在這個研究中，老鼠每天在訓練後立即注射食鹽水或刺激性神經傳導物質麩氨酸，分別至海馬迴或尾狀核內；食物通常位於Ｔ型迷津的相同位置。這些老鼠會在第八天測試一次，然後在第十六天時將一臂旋轉一百八十度再行測試，以了解牠們究竟學到空間裡的特定位置，或學到轉彎的反應。實驗皆符合先前的發現，注射鹽水的控制組在第八天會找到原先放食物的位置，在第十六天會做出如先前所有訓練的轉彎反應（在迷津的分岔口左轉或右轉）。接受訓練後藥物注射的實驗組則出現很不一致的結果。對海馬迴注射麩氨酸的老鼠，不論稍早的訓練為何，在第八天與第十六天都會直接到食物所在位置。牠們保有位置的記憶，而不像注射鹽水的控制組一樣，轉移到慣性反應的學習。因此，對海馬迴注射麩氨酸強化了老鼠對食物的位置記憶，並且始終記憶猶新，而不受導致慣性反應的另一學習歷程所干擾。相較之下，對尾狀核注射麩氨酸的老鼠，經過稍早的訓練之後，在第八天和第十

六天表現出反應的學習。在每次稍早訓練後以麩氨酸活化尾狀核，將加強與加快反應學習與（從位置轉移到慣性）的學習轉移。

回顧杏仁核

很顯然，有些腦部區域是保留給特定資訊的固化作用。杏仁核是很不專一的：它顯然不太過問關於記憶固化的影響層面；若說有特定的話，就是所學習的資訊種類。這或許不致令人驚訝，因為杏仁核與許多已知涉及記憶作用的腦區域，都有密切的連結（見圖8）（'The organization of neural systems on the primate cerebral cortex', *Proceedings, Royal Society of London B. Biological Sciences 252,* Young, M. P., *1993*）。如前面提到，在訓練後注射藥物至杏仁核，能增強各種訓練經驗的長期記憶。馬克‧巴卡德、賴瑞‧卡希爾與其研究夥伴（'Amygdala modulation of hippocampal-dependent and caudate nucleus-dependent memory processes', *Proceedings, National Academy of Sciences, USA 91,* Mark G. Packard, Cahill, L. & McGaugh, J. L., *1994* | 'Amygdala modulation of multiple memory systems: Hippocampus and caudate-putamen', *Neurobiology of Learning and Memory 69,* Packard, M. G. & Teacher, L., *1998*）所做的實驗，很清楚地顯示杏仁核同時影響位置與提示性的學習。從另一方面來說，上述對大鼠施以位置和提示性水上訓練的實驗，也證實在訓練後注射安非他命至海馬迴內偏向強化位置的學習，注射至尾狀核內偏向強化提示性的學習。但相較於這兩種腦區域所展現的選擇性，在訓練後注射安非他命至杏仁核內，既強化位置也強化提示性的學習歷程。

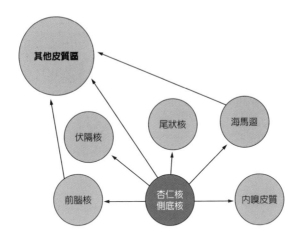

圖8　杏仁核側底核直接連結到許多涉及記憶固化的腦區域。透過這些聯繫，就能夠調節那些腦區域所參與的固化作用。

　　這些發現強烈地暗示，杏仁核透過海馬迴與尾狀核影響記憶的固化作用；該研究其他發現也提供支持這項結論的其他證據。對海馬迴注射利多卡因（Lidocaine）在此部位引發暫時性的活化，可完全停止對杏仁核注射安非他命所引發的記憶強化現象；對尾狀核注射利多卡因也妨礙杏仁核對提示性學習的影響力。另一個發現更特別：在測驗位置或提示性的學習記憶之前注射利多卡因至杏仁核內，並不影響記憶的狀態。訓練的記憶內容顯然不是儲存在杏仁核內的。

　　對杏仁核施射藥物時，顯然是藉著改變杏仁核之於其他涉及記憶固化的腦區域的作用而影響記憶的。甚至有可能杏仁核的活動，對其他腦區域調節記憶固化的作用是舉足輕重的。連結杏仁核至尾狀核的神經通道，終紋（stria terminalis）若遭破壞，就阻斷訓練後直接注射至尾狀核所產生的記憶強化效果（'Stria terminalis lesions attenuate memory enhancement produced by intra-caudate nucleus injections of oxotremorine', *Neurobiology of Learning and Memory 65,* Packard, M. G., Introini-Collison, I. & McGaugh, J. L., *1996*）。我的實驗室進行的其他研究，也發現杏仁核的損傷或暫時性麻痺，會阻斷在訓練後對海馬迴或內嗅皮質注射藥物的記憶強化效果；後者是一個已知直接與海馬迴聯通的腦皮質區（*'Memory consolidation and the amygdala: A systems perspective', Trends in Neuroscience 25,* McGaugh, J. L., *2002*）。

在採用抑制逃避訓練的另一系列長期實驗，伊茲基耶多與其研究夥伴（'Sequential role of hippocampus and amygdala, entorhinal cortex and parietal cortex in formation and retrieval of memory for inhibitory avoidance in rats', *European Journal of Neuroscience 9,* Ivan Izquierdo, Quillfeldt, J. A. Zanatta, M. S., Quevedo, J., Schaeffer, E., Schmitz, P. K. & Medina J. H., *1997*）也提出其他證據，指杏仁核對於記憶的影響只是暫時性的。諸如蠅蕈醇這類抑制神經元活動的藥物，若在訓練後一、兩個月的留存記憶測驗前注射至海馬迴時，並不影響大鼠的記憶表現。相形之下，這類藥物若對內嗅皮質、或另一個皮質區，頂葉皮質區（parietal cortex）注射，即使在訓練後兩個月，仍足以破壞記憶表現。這些發現強烈暗示，這類皮質區不同於杏仁核與海馬迴，乃是腦部負責形成持續記憶的長期固化作用的決定部位。

藥物以及記憶的連續

再來回答本章開頭提出的疑問，答案是肯定的──藥物可以強化記憶。藥物可以透過多種作用來增強記憶。這裡思考的證據顯然指出，藥物可以藉著激發近期經歷的固化而增強記憶。在提出證據的同時，藥物影響記憶固化的研究也透露某些重要線索，足以解釋創造持續記憶的腦部機制。這些研究

促使我們發現，杏仁核內的正腎上腺活動所扮演的獨特角色；它們也將杏仁核界定為：透過影響包括小腦皮質在內的其他區域，進而調節記憶固化的腦區域（見圖9）。

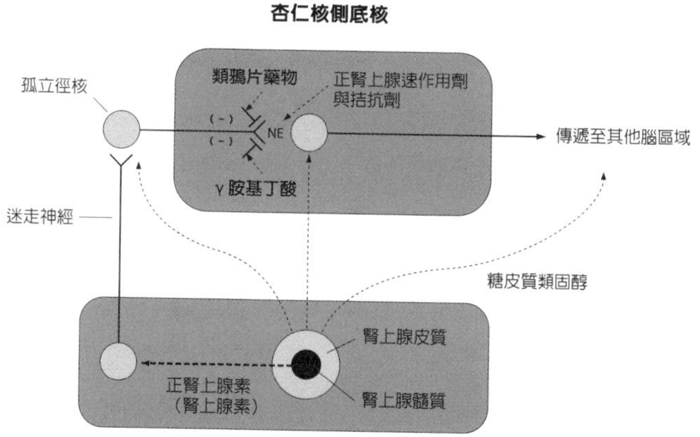

杏仁核側底核

圖9　發生在杏仁核側底核內部的壓力荷爾蒙作用及神經元調節（neuromodulatory）互動。情緒升高會導致腎上腺髓質釋放正腎上腺素（腎上腺素），以及腎上腺皮質釋放皮質酮（大鼠體內的腎上腺皮質酮）。　正腎上腺素啟動迷走神經的受體，並連接至腦部的杏仁核裡釋放正腎上腺素（簡稱NE）的神經元；皮質酮自由地擴散至腦部，並在不同眾多區域影響記憶固化。正腎上腺素釋放與杏仁核內正腎上腺素受體的活化，則是使皮質酮發揮作用的關鍵。抑制性神經傳導物質 γ 胺基丁酸與類鴉片胜太，抑制了杏仁核內的正腎上腺素釋放；阻斷 γ 胺基丁酸活動的藥物（如防己毒素）與類鴉片胜太，便增進正腎上腺內的正腎上腺素釋放，進而增強記憶的固化。

睡眠，或者順便作夢

我們花了三分之一的生命在睡眠。根據當前的壽命期望值，我們一生都可望睡掉大約二十五年。我們有相當長期的睡眠，這是為了什麼？當我們夜復一夜睡著的時候，多少會作夢。因此我們也累積了相當長的夢中光景，在我們的夢裡，我們做的事情和去的地方，都不會超過我們最狂野的夢，畢竟

它們再狂野也是我們的夢。不論一代又一代的哲學家與神經學家鍥而不捨，睡夢的成因與功能始終妾身未明。雖然我們通常不太記得我們的夢，我們都體驗過夢是糅合最近的經歷，哪怕是透過扭曲而詭異的方式而成。假如說我們都命定要在那些晦澀的心智狀態裡浪費這麼多時間，那睡夢必定尚存生物適應的用途吧。

某種睡眠的可能功能，（據我所知）也是心理學家詹金斯與達倫巴赫最先在一九二五年提出的（'Oblivescence during sleep and waking', *American Journal of Psychology 35*, Jenkins, J. G., & Dallenbach, K. M., 1924），就是避免、或至少延遲事物的遺忘。他們發現對無意義音節的記憶，若在受測前有間隔八小時睡眠，效果明顯優於那些受測前連續八小時清醒者。所以睡眠只是免除了新學習的干擾作用嗎？顯然不只：前面那位德國心理學家漢納在1914年所做的研究（'Uber Wiedererkennen und ruckinirkinde Hemmung', *Z. Psychol 68*, Heine, R., 1914）顯示了，從某方面來說，睡眠促進了近期學習素材的固化作用。受試者不是在前半夜就是在臨睡前背誦成串音節，經過二十四小時後再接受測驗，而是在臨睡前才學習素材者，對於學習的印象明顯較強烈。

這些耐人尋味的發現足足被冷落了數十年之久。到了二十世紀中葉，對回溯性失憶症與記憶固化的研究，重新燃起人們檢驗睡眠之於記憶固化作用的興趣。首先藉由動物來更新問題的追索；透過腦部活動的腦電波圖觀測，紀錄到兩種睡眠狀態：慢波（低頻率、振幅大的腦波）期以及快速動眼期（伴隨著快速動眼運動發生、振幅小的快速腦波狀態，簡稱REM），在一項早期研究中，威廉・費雪班（當時為我實驗室裡的研究員）發現，在抑制逃避訓練後兩天期間，若小鼠被剝奪快速動眼期的睡眠時，將誘發回溯性失憶（'Retrograde amnesia:

Electroconvulsive shock effects after termination of rapid eye movement sleep deprivation', *Science 172,* William Fishbein, McGaugh, J. L., & Swarz, J. R., *1971*）。隨後，巴黎的凡森・布洛赫與他的夥伴報告表示，在白天進行迷津訓練後，快速動眼睡眠立即增加，而在訓練後剝奪快速動眼的睡眠則有礙學習（'Interaction between post-trial reticular stimulation and subsequent paradoxical sleep in memory consolidation processes', Vincent Bloch, Hennevin, E., & LeConte, P. | *Neurobiology of Sleep and Memory,* Drucker-Colin, R. R. & McGaugh, J. L. 編, *1977*）。這些發現顯然也須經過長久的沉澱，因為睡眠週期對記憶固化的作用，還是近幾年才浮上檯面的熱烈話題。

羅伯特・史提高德和他的研究夥伴（'Visual discrimination learning requires sleep after training', *Nature Neuroscience 3,* Robert Stickgold, James, L., & Hobson, J. A., *2000*）指，人類受試者進行的圖像區辨作業，唯有經過整夜的睡眠後方能改善，最有趣的是，改善的幅度與入睡後幾小時的慢波睡眠量，以及將醒前幾小時出現的快速動眼睡眠量成直接相關。這些發現強烈支持漢納的假設，即睡眠間的過程不單純是時間的流逝，還負責將白天圖像區辨作業的記憶予以固化。他們還發現即使不再施予訓練，在第二夜的睡眠後，表現仍持續改善；但這些改善有賴於第一夜的睡眠狀態。睡眠亦促進運動技巧的固化作用，詹・波恩與其夥伴發現，在練習手指敲擊技巧後睡眠八小時，能大幅增進後續的學習作業表現，這些發現強烈暗示了睡眠之於感官與運動技巧固化的必要性。波恩與夥伴認為：「在總結這些有關日常生活技巧（例如學習某項樂器或運動）的觀察心得之後，我們斷言，睡眠是此類技巧欲達最佳表現所不可或缺的條件。」（'Sleep forms memory for finger skills', *Proceedings, National Academy of Sciences, USA 99,* Fischer, S., Hallschmid, M., Elsner, A. L., & Jan Born, *2002*）讓我想到高中和大學的合唱團與樂隊，總是選定在上學日的一大早進行排練，這事實或足以說明了我為何無

法成為一位優秀的音樂家吧（當然還有一大堆理由啦）。然而，養成這類技巧時，雖然睡眠是必要的，顯而易見卻是不夠的！

　　這些動物與人類研究的發現都很清楚而一致：睡眠能促進記憶固化，但睡眠中促成這些影響的原因是什麼呢？布魯斯・麥克納頓和馬修・威爾森（'Reactivation of hippocampal ensemble memory during sleep', *Science 265,* Matthew A. Wilson, & Bruce L. McNaughton, *1994*）報告發現當動物放在特定裝置內部時，在白天以某種模組一起活動的海馬迴神經元，傾向於在後續的睡眠中同步啟動一樣的模組。他們猜測這些模組化的再啟動，對於先前白天經歷的記憶固化具有某種功能。由於杏仁核在記憶固化裡扮演關鍵的角色，因此，說是杏仁核活動是睡眠期間記憶固化作用的關鍵，也不令人意外。丹尼斯・帕瑞和他的研究夥伴（'Mechanisms of Pavlovian fear conditioning: has the engram been located ?', *Trends in Neuroscience 25,* Dennis Paré, *2002*）就推測，杏仁核神經元在睡眠期間啟動的同步震盪，可能是為促成腦部記憶固化所不可欠缺的皮質區與顳葉區間的互動。在扮演記憶固化的調節角色上，杏仁核就算有休息，顯然也沒有太多喘息的機會。

再發現杏仁核之於記憶的角色

　　在科學及人體其他部門的研究上，重要觀念通常出現得很早，但直到更多證據鼓勵它們「再發現」之前，都長期遭到冷落。我最近讀到神經生理學家雷夫・吉拉德所撰某章的先見之明——早在學界連想都沒想到研究藥物對杏仁核功能的影響之前。吉拉德認為，杏仁核可能是「直接作用於皮質神經

元上，改變……它們對於抵達腦皮質的不連續神經脈衝之回應……這些神經核可輕易修正經驗固著的順暢以及完整性，即使神經核本身並非『心象』生成的所在。」（'The fixation of experience', Ralph W. Gerald, *Brain Mechanisms and Learning*, Delafresnaye, J. F. 編, 1961）當然，如今有大量證據皆支持他的推測：杏仁核功能正如他所述。在下一章，我將探討它能夠這麼做的意義。

❺ 難忘時刻

「我記得車禍那天發生的許多瑣事，但那天之外隨便再找一天問我，我就記不清了。好似我能戴上眼鏡清晰地看著車禍的那一天，卻只能用我的肉眼來看其他的日子，而要回想那些日子中發生的事情，更像隔著層雲霧。」一個六年前發生車禍的人，試著回憶車禍前發生的事情。

我媳婦幫我兩歲半孫子崔斯頓・艾爾發穿襯衫時，他突然說道：「你還記得有一次我在柯比家跌倒，我的下巴被割傷了嗎？那時後我就是穿著這件襯衫。」這件事是發生在我另一個孫子（柯比・摩若）的家裡，大約一年前。

我們並不是把所有事情一視同仁地記憶在大腦裡。以我最深刻的記憶為例，還記得那是在波蘭奧瑞岡，我站在一個大房間的前面主持科學會議，突然一個人走進來遞張字條給我，上面寫著甘迺迪總統剛被射殺。不只有我如此，成千上萬的人也都記得一九六三年十一月那一天，當獲知甘迺迪總統被射殺時所受到的震撼。重大的經驗讓人產生強烈的記憶。如同前面章節曾簡單提到，那些目睹過可怕景象，比如說看過空難屍骸四散海上的人通常會說這些景象「永遠在我腦海裡揮之不去」「好像深深地刻印在我的腦海裡面」。我們也常從親眼目擊災難的受訪者口中聽到類似的說法，因此這類說法看來似乎很普遍而顯得正確。另一個例子：一九四三至一九四七年間曾經從集中營囚犯口中取得了對納粹暴行的證詞，一九八四至一九八七年間對這些人又再詢問過一次。這些證詞顯示，即使過了四十年，這些人對集中營裡發生過的可怕事情還是記得清清楚楚。事實上，這類強烈的記憶用刻印在腦海裡來比喻還不夠貼切，應該說這類記憶在腦中不斷浮現至死不忘。

這類的報導和結論看來既清楚又正確。我們的經驗告訴我們重大的經

驗容易被記得，或至少我們以為如此。我真的百分之百確定在得知甘迺迪總統被槍殺消息時，我身在何處、在做什麼事嗎？若真的如此，我記得哪些特定細節？我對那天的記憶，跟那天之前的任一天或是那一年內的任一天比起來，都要來得清楚嗎？是什麼因素使得這次經驗特別被記住？是因為我接到訊息當時處境的獨特性嗎？是因為這訊息太令人震驚了嗎？是因為我當時產生了強烈的情緒反應嗎？或者，我對此事件的記憶如此深刻和正確（假如真的如此），僅僅是因為這幾年來我會在很多時候想起這件事（重溫效果）。雖然要判斷事件是否被正確的記住是有可能的，但要問為何唯獨是這件事被記下來就不是件簡單的工作。像要確定我前面所敘述的回憶是否大致正確，相對來說比較容易。我當時身在何處，在做什麼事情、事實是否真如我所記得的那樣？可以查會議紀錄和詢問當天與會者。假如最後證實我的記憶正確，那就剩下最後一個更重要也更困難的問題：為什麼我記住了那天的事件？為何這記憶如此特殊？要回答這個問題之前，我們需要看一些不同研究提供的證據，這些研究調查了一般事件或重大事件會產生不同強度的記憶，也調查了什麼情況下會產生上述記憶，還有產生當時腦部如何運作。首先討論哪些情況會產生強烈的記憶。

關於重大公眾事件清晰且持久的記憶

我們與同時代的人共同擁有一些特殊且重大的經驗。和我一樣出生於西元一九五五年左右的人，無疑地會記得宣佈甘迺迪死訊的那一刻。其他這類特殊難忘的事件還包括日軍空襲珍珠港、馬丁路德金恩博士被暗殺、挑戰者號爆炸、英國首相柴契爾夫人的辭職、黛安娜王妃車禍身亡、一九九五年奧

克拉荷馬市爆炸案、史上幾次嚴重大地震和飛機撞入紐約世貿雙子星大樓。因為這類事件的詳盡細節能立即廣泛地被很多人所知道，所以關於這類事件的記憶成為很好的研究題材讓很多人從事這方面的研究。

這些事件真的被如實地記憶下來嗎？羅傑‧布朗和詹姆斯‧庫立克曾做一個經典研究：閃光燈記憶。這研究所要探討的就是這個課題。閃光燈記憶這個詞指的是對一事件的記憶像相片一樣被保存下來，包括清楚且持久的細節。但是這個詞語的類推意思誇大了使用者的原意，更廣泛地意謂這類記憶雖然不完整，但包含非常清晰且能維持很久的細節。在他們的實驗中，他們調查受測者對於幾項重大公眾事件的記憶，另外調查一件私人經歷過事件的記憶。請受測者回想的範疇包括事件發生當時身在何處？在做什麼？如何得知事件發生？個人當時的情緒反應？以及事件後來對個人的影響？調查時詢問的事件都發生在數年前，包括幾件謀殺案，如麥德嘉‧艾維斯、約翰‧甘迺迪、麥爾坎‧X、馬丁路德‧金恩和羅勃特‧甘迺迪案。對喬治‧瓦利斯和對傑勒爾德‧福特的暗殺未遂案，以及西班牙長期獨裁者佛朗哥將軍死亡的消息。

有一個重要問題是：事件對個人的重要程度是否會影響記憶。實驗證實的確有影響。以發生黑人公眾人物死亡事件來說，跟白人受測者比起來黑人受測者記得更多細節。一般來說，較無切身關連的事比如喬治‧瓦利斯和傑勒爾德‧福特兩人被暗殺未遂事件以及佛朗哥將軍死亡事件很少人記得清楚。也許更重要的是，那些出乎受試者意料之外且讓他們震驚的事件都被記得很清楚。以後還會再提到，這些發現對於我們了解產生鮮明持久記憶的機制提供了重要的線索。布朗和庫立克還繼續論述到一些相當特定的神經生物

學假說來解釋這些發現。不過在深入探討之前，讓我們先考慮關於閃光燈記憶研究的一些核心議題。

閃光燈記憶真正地被如實地記憶住了嗎？令人意外地，這是個一直被廣泛爭論的議題。這些爭辯和提出的相關舉証非常詳盡地被馬丁‧康韋整理在他所寫的書中。書名就叫做「閃光燈記憶」。這本書回顧了非常多相關的討論。首先，我們可以排除關於這類記憶某些特點的爭辯。「閃光燈記憶」這一詞的使用明顯會讓人產生誤解。很明顯地，如果是要表示這類記憶在細節上完整且正確且不會有任何遺忘，就不該用這個詞來形容。論點是在記憶是否特別強烈，而不在記憶是否會改變。其次，很重要的問題，實際上來看這樣的記憶正確嗎？我們可以擁有、而且的確擁有既印象深刻又不正確的回憶。我們可能都有這樣的經驗，我們家人或好友常常會指出我們回憶有誤的地方。任何宣稱他對重大公眾事件的記憶清楚無誤的人，都應該要有證據在背後支持。第三、事件與個人的相關程度是否扮演關鍵角色？這類事件是否對個人都必須有一定的重要性？或是令人意外、令人震驚，或其他種類的情緒激動？有些社會上的發生的大災難對某個人來說可能一點意義都沒有。就像我們不會記得看到蒙古大地震相關報導時我們身處何地。但是，對於發生在鄰近地區的地震或是親身經歷過的地震，我們的記憶會有不同嗎？

首先從正確性開始探討。以下面這則常被引用的報導為例，這則報導表面上看來是關於一個人對於公眾事件的記憶雖然強烈但不正確，但實際上，這則報導卻證實了對重大事件的記憶既正確又持久。引述如下：

「這麼多年來我一直記得聽到日軍空襲珍珠港消息的那一刻，當時我正

坐在屋子的客廳裡收聽棒球比賽的轉播，節目進行到一半突然中斷，插撥進珍珠港被攻擊的消息。這記憶一直如此清晰以致我從未意識到這其中有個根本的謬誤，直到去年我才意識到：十二月並沒有棒球比賽轉播。」

　　另一件消息可以解釋這矛盾。查理斯・湯普生和薩狄・科旺找到下面這篇訪問體育播報員瑞德・巴伯的紀錄：

　　「那一陣子我常在波羅棒球場觀察紐約巨人隊的練球情形，這支球隊可能會跟芝加哥熊隊爭奪冠軍。後來我負責播報這場比賽。這場比賽巨人隊最後是對上道奇隊（曾加入全美橄欖球聯盟）。中場休息時，紐約時報的記者勞・艾弗瑞特從記者席走下來，告訴我們珍珠港剛剛被日軍轟炸。」

　　由此可知，事實上在一九四一年十二月七日是巨人隊和道奇隊在一個著名的棒球場上比賽橄欖球。而這兩個橄欖球隊的隊名和紐約的兩個棒球隊恰巧雷同。這場比賽會被誤記為一場棒球賽就不令人意外了。除了這點有誤之外，聽到珍珠港被空襲當時的其他情境都被清晰地記住了。當然，我們不能光憑這類軼聞般的證據就做定論。需要對重大公眾事件記憶的相關研究來提供相關證據。

　　要判斷一個人對公眾事件的回憶與追述是否正確是很難的。若能在事件發生後的幾天內馬上對受測者作訪問，而讓我們假設這樣所得的記憶陳述是正確的，相對來說比較可信。當然幾個小時內更好，不過這通常都做不到。所以這類研究通常不研究正確性，轉而研究這些記憶的陳述經過一段時間後的一致性。即經過幾個月後，再請受測者回答同樣的問題，像是當時身處何

處、正在做什麼、被引發何種情緒等。比較這次的回答是否和最早的相同。幾項研究的結果都顯示兩次的回答大致相同。這些記憶研究時所詢問的事件包括挑戰者號升空意外、瑞典首相暗殺事件。在事件發生幾個月後，或甚至一年後的第二次詢問，有百分之五十到九十的答案和當初回答的相同。由此可知，對重大公眾事件的閃光燈記憶相對來說還算穩定。再次強調，這類研究無法為記憶的正確性提供清楚的證據。下面介紹其他幾種研究對此會做更深入的探討。

　　記憶的可靠性研究暗示閃光燈記憶能維持好一段時間。即儘管有的受測者對事件的回憶跟事實近乎吻合，有的與事實差異有點大，但是他們都清楚地記下了這事件，這表現在隔了好一段時間後的回憶和最初的回憶是一致的。然而，其他研究提供了明確的證據，證實某些重大公眾事件的細節即使在數月後仍能被清楚的回憶起來。研究訪問的受測者都親身經歷過一九八九年的加州大地震（震央靠近加州的聖塔克魯斯市）。在地震後不久就詢問受測者地震發生時的情況，過了十八個月後又問受測者相同的問題。第二次的回憶幾乎是把最初的回答再覆述一次，幾乎所有的細節都沒有漏掉。對照來看，住在喬治亞州那些並沒有親身經歷這場地震的受測者，在十八個月後回憶起地震就漏掉許多細節。另一個類似的例子：英國的受測者對一九九〇年柴契爾夫人令人意外地突然辭去首相職務一事，都有強烈的印象而且連細節都記得清清楚楚，這在兩次調查中（一次在辭職兩個禮拜後、另一次在十一個月後）都顯示同樣的結果。與之相對的，非英國受測者（主要居住在北美）在十八個月後受測時，幾乎不記得這事件相關的細節。這類研究發現支持下列兩項結論：一、重大公眾事件即使經過很長一段時間仍能被清楚的記得。二、事件與當事人的關聯性非常重要。受測者對事件個人的、情緒上的反應似乎嚴重影響記憶

的強度。

　　從閃光燈記憶研究中得到很多證據，都顯示被事件所激起的情緒的確會影響記憶。挑戰者號升空意外事件發生後，受測者表示這事件引起的情緒反應使他們無法忘記這件事，同樣的情況也出現在英國希爾斯伯諾意外事件發生後，這是一件足球比賽時看台坍塌壓死九十五人的意外事件。如前面曾提過，除了嚴重的災難事件，被有趣、令人興奮的事情所引起的情緒反應也會影響相關的記憶。一九九五那年，整個社會大眾都高度觀注於辛普生謀殺案的發展。電視媒體持續不斷地報導整個案情，讓每個人都很好奇陪審團最後會如何作出判決。最後陪審團做了無罪判定，但後來引起高度爭議。判決結果出爐三天後，赫克‧莫克、伊莉莎白‧巴法羅和拉瑞‧斯奎爾三人著手一項研究。他們請受測者回憶是在何時、何處及如何得知判決結果，同時記錄下這判決引發受測者情緒反應的強度。問卷設計中請受測者回答許多細節，包括是否同意判決結果、甚至有無和其他人討論過這件事。百分之二十四的受測者認同這項判決、百分之四十的人不認同、百分之三十六的人持中立看法。為了研究這些回憶的正確性，分別在十五個月和三十二個月後又再調查了一次。判決後十五個月那次的調查結果中，其中有三分之二的受測者的回憶和最初的答案幾乎一樣或僅有些微誤差；百分之十的受測者的回憶有嚴重誤差。三十二個月後的調查回憶的正確性就更低了。雖然有將近五成受測者回憶無誤或僅有些微誤差，但超過四成的回憶有嚴重誤差。明顯地，回憶的正確性隨著時間經過而愈來愈低。但經過三十二個月後，令人意外地，回憶卻仍然有相當的強度。從受測者最初的相關回答中，我們可以找出影響回憶正確性的因素。無關的是：重覆跟朋友提到這事件的次數、對判決結果的興趣、對判決結果的認同與否、或是對事件主觀意見的強度。有關的是，被判

決結果激起情緒反應的強度，這一點嚴重的影響三十二個月後回憶的正確性。

　　雖然對此類重大公眾事件的記憶不會永永遠遠的刻印在我們腦海，但此類記憶的確可以很鮮活的在腦海裡維持很長一段時間。對於親眼目睹犯罪事件的回憶就更強烈而持久了。約翰‧尤烈和朱迪絲‧卡特謝爾曾經做了一項研究。這項研究的受測者們都目睹了一件槍擊案。他們目擊一間商店主人把闖進來想打劫的男人給槍殺了。對這些受測者的訪談大部份都在事發當天或在兩天內完成，有幾位的訪談是在隔了四到五月後才完成。要確認這些訪談資料的正確性可以比對命案現場的照片紀錄、警方及法醫的報告。兩次的訪談資料顯示，受測者的回憶超過八成都是正確的。二十一位目擊者中有五位說目擊命案讓他們感到極大的壓力。這幾位受測者回憶的正確性第一次訪談時高達百分之九十三，第二次也有百分之八十八。

　　這類記憶強烈地刻印在腦中了嗎？似乎如此。前述的所有例子都導出至少一個共同且重要的結論，那就是會引起強烈情緒的事件讓人容易記得、而且記得長久。不管是親身經歷、親眼目睹、或是從收音機聽到、從電視報導看到，從朋友鄰居那聽到，這類的事件都能被記住數月甚至數年之久。但是跟對一般事情的記憶一樣，這類記憶無法百分之百正確，也不會一直維持一樣的強度。想想剛剛舉的例子，有二成命案目擊者的回憶是錯誤的。假如這幾位要在法庭作證，這些回憶的錯誤率是很值得爭議的。閃光燈記憶並不像照片，首先、記憶的細節並不是鉅細靡遺的，其次、隨著時間經過這類記憶會改變或漸漸消失。可以再進一步探討的是，當我們提到公眾事件或犯罪現場時，實質上我們指的是什麼？在現今社會上，一件公眾事件發生往往

會不斷重覆地在電視上被播報、在報章雜誌網路上被細部討論。事件後有這麼多相關報導，我們對這事件的經驗到底是什麼？甘迺迪總統被暗殺的新聞畫面、挑戰者號升空失敗的爆炸畫面、巴黎地下道黛安娜王妃車禍身亡時車子的殘骸、飛機衝進紐約雙子星大樓的畫面，這些畫面我們在電視上看過多少次了？這些重覆的經驗可能影響、也的確影響了我們的的記憶，尤其是對於那些第一次知道這事件時身在何處、在做什麼事情的記憶。在回憶事件原貌的過程中，之所以會產生錯誤，無疑的有一大部份是因為這樣一再地重溫和反覆地回想，最後形成的是一個綜合整體的回憶。但也許有些令人意外的是，這類的研究幾乎沒有找到證據，能夠顯示對事件的一再重溫是產生閃光燈記憶的重要因素。然而要以廣為報導的公眾事件來研究閃光燈記憶，這幾種可能的影響因素就很難被排除。雖然上述相關的證據似乎都支持從閃光燈記憶研究得到的結論。但對另一類事件記憶的研究也該被仔細的探討。這類研究的是能激起強烈情緒反應的非公眾事件。

實驗室中的實驗數據

眾所皆知，艾賓豪斯告訴我們，以記單字來說，大量反覆能增強記憶。情緒激動也能幫助這類記憶嗎？這類簡單幾近無聊的記憶是指艾賓豪斯單字聯想這類的記憶。這答案是確定的。在實驗室裡做單字聯結的研究結果顯示，就跟公眾事件的記憶一樣，激動的情緒能增強長期記憶。最早的研究是由克蘭史密斯先生和卡普蘭先生一起做的，也引起其他學者對這個課題的興趣，這項實驗中受測者要學著去把字詞一對一對的聯想在一起。實驗中之所以會選用某些字詞（如接吻、嘔吐、強暴），是因為這些字詞會引出強烈的情緒反

應，這可以由測量受測者的皮膚電流反應而得到（這是一種常用來測量情緒反應的方法）。一個禮拜後受測者接受測試看看是否仍能記得這些聯結，結果顯示引起情緒反應的字詞被記得比較清楚。有趣的是，剛學習後馬上測試記憶情況的話，引起情緒反應的字詞反而記得比較不清楚。似乎要過一段時間才有記憶增強的效果發生。我在本章稍後再提出其他證據來討論這一點。

你可能會問到這些發現跟我們的生活有什麼相關？嗯，下面的情況可能會讓我們記住剛撥過的電話號碼：比如說這是打到稅捐稽徵處的號碼、或者這號碼打去時某人通知我們贏得大樂透，或者是電話中某人通知我們親人心臟病發作。可是，我們更可能記住的是關於這通電話的其他細節：撥電話時身在何處？回話的是誰？撥電話前後的短暫時間內發生什麼事？我們記得的是事件隨時間經過的前後細節。這事件不需要是真實發生過的，可以是讀過或聽過的故事或電影。眾所皆知，成功的小說或電影最讓人忘不掉的是其中感人的內容。一幕幕的場景和故事情節結合起來讓人深深被感動。

如果同樣的場景配上不同的故事情節，會對記憶產生什麼影響呢？如果實驗中受測者同時看圖片和聽故事，聽故事引起的情緒激動程度會影響看圖片的記憶嗎？賴瑞・卡希爾和我做了一項實驗想要解答這個問題。實驗的步驟和內容是參考仙農・蓋和賴瑞・卡希爾曾做一項影響深遠的研究。受測者分成兩組觀看十二張幻燈片。兩組觀看的幻燈片是一樣的。我們只告訴受測者這是在研究對不同刺激所產生的生理反應。幻燈片是跟著故事一起放映，每講一句故事放一張幻燈片。其中一組聽到的的故事較平淡且不帶感情，講的是一對母子從家裡出發準備去參觀醫院，在那裡看到防災演習時醫護人員演練的情形，然後母親離去，兒子跟著父親一起留下來。另外一組聽

到的故事情節就比較有情緒感染力，講一個男孩出門後不久被車撞，受傷嚴重所以緊急地被送往醫院。外科醫生努力要把男孩斷了的腿接合回去，後來母親先行離開留下男孩的父親陪他。放映經過設計，讓前四張和最後一張幻燈片在放映時，兩組的故事是一樣的。之後請受測者評量故事的情緒性，結果也顯示兩組故事引起了不同程度的情緒反應。

我們請受測者兩週後再回來，不過並沒有告訴他們這是一項關於記憶的實驗。我們測試他們是否記得看過的幻燈片中的特定細節。對於前幾張和最後幾張幻燈片的記憶，兩組受測者表現得差不多。然而，對中間幾張播放時故事情緒張力不同的幻燈片，兩組間記憶的表現就有了差別。聽故事較具感染力的那組受測者，對這幾張幻燈片記得比較清楚。跟前後的幻燈片比起來，聽平淡故事的那組受測者，並沒有特別記住這幾張幻燈片的細節。

故事講到最高潮時所放的那張幻燈片被記得最清楚。我們發現這和閃光燈記憶及情緒單字聯結記憶的結果是一致的，即情緒愈激動產生的記憶愈強烈，情緒上的激動似乎能幫助記憶。「記憶的同時讓情緒激動並不能百分之百保證能我們記得久與記得正確，情感被激起時的記憶也可能包含錯誤，然而大致上來說，我們可以信任情緒激動時所產生的鮮活記憶。」

眾多的研究都獲得一致的結論，那就是引起情緒反應能增強記憶。接下來我們想討論為何如此？在記憶的過程中激動的情緒扮演了什麼樣的角色？當然，情緒激動會使我們的注意力集中這是一個可能的原因。另外，如前面討論過，我們無論有意識或無意識，比較常會重溫那些當初激起我們情感的經驗。而就像艾賓豪斯說過，重溫的確對記憶有幫助。雖然以重溫的理由來

解釋看似合理，但是要把情緒反應影響記憶的現象全部歸因於重溫的作用，卻又沒有令人全然信服的證據。

　　仙農‧蓋和賴瑞‧卡希爾曾經做實驗詳盡的研究過這個爭議。他們給受測者看兩部影片，一部會讓人激動的和另一部比較平淡的。一個禮拜後調查受測者對影片內容的記憶。其中一組在看完影片後被要求不要跟別人討論其中的內容。另外一組則要求他們至少跟三個人討論這些影片。第三組是被要求不要跟別人討論，但是受測者承認他們沒有遵守規定。跟預期的一樣，受測者比較記得住讓人激動的影片。但令人意外的結果顯示，跟人討論並沒有讓人更記住影片內容。無論是被要求與人討論那組或是沒有遵照不討論規定的那組，記憶表現都沒有比較好。這結果當然不代表重溫不能影響記憶，我們已經知道重溫能影響記憶。這僅僅顯示幾次的討論並不能影響對影片的記憶。很重要的這又再一次顯示情緒激動對記憶的增強效果，而我們想知道原因何在。

讓人印象深刻的時刻

　　「被火車撞到前那一段時間的記憶在我腦海裡栩栩如生，尤其是發生在被撞前五分鐘的事對我來說好像發生在兩天前。我的腦中滿是對這一段時間的回憶」，當事人在意外發生過的三年半後有感而發。

　　人們對於事件重要性和與能不能被記住的關係發生興趣當然並不是起源於閃光燈記憶的研究。與上面所引這段話類似的例子，生活中到處都是。最

早可能可以追溯到人類祖先在法國南部洞穴所留下有關動物的繪畫。也許這就是他們畫這類主題的原因。令人興奮的經驗比較容易記在腦海裡所以才值得畫下來。

就我記憶所及，最早是由羅伯特・李文斯頓在一九六九年提出有可能會產生這類持久且充滿細節記憶的一些相當特定的大腦機制。他描述到：

「當某件事很有意義、很重要，相關的記憶是一整串的，常常會包括一些其他並不重要的事。大腦將相關的所有事情一股腦的印記下來，不管某些細節實際上可能一點也不重要。」

李文斯頓提出一個說法來解釋這種全部印記的動作。他認為這類經驗啟動了一個邊緣系統（腦中某幾塊區域，包括杏仁核等，連附於腦的中樞區域之下），這系統接著引動了一個「網狀複雜的啟動系統」（這系統是以讓化學物質擴散的方式對整個大腦產生作用）。就這樣產生了一個「現在開始銘記」的命令。最初因為事件而引起的腦部活動，在接到這個命令後，會經由擴大刺激或是影響神經激素使未來同樣的神經活動更容易發生。

四年後，西蒙・凱帝提出了類似但略微更明確一點的假說。他假設情緒激動會引起體內釋放出正腎上腺素這種神經傳導物質，會讓剛剛活化的大腦神經突觸更為穩固，而且這種特別強化某些經驗的機制有很明顯的適應優勢。

到目前為止，我廣泛地回顧了情緒激動對長期記憶影響的證據，也簡短

地討論了兩個相關的假說。分別由李文斯頓和和凱帝提出怎麼樣的大腦機制可能會產生這種反應。在探究科學奧秘的路上，提出假說和相關證據的呈現這兩件事不總是照著順序來的。有時關鍵的證據會先出現，像是看似無關實驗中得到的證據，讓人想到經過修正就能解釋其他假說。早在李文斯頓和凱帝提出他們假說的幾年前，約在一九五〇年代末期，我的實驗室就有訓練過後施用藥物能穩固記憶的實驗證明，並且於一九六一年在期刊上發表。在第四章有提過這些實驗結果，發現很多種藥物都能鞏固記憶。記憶訓練後立即施用藥物能增強記憶效果，訓練後隔數小時再施用則沒有這種效果。在一九六〇年代早期發表的許多研究結果也相當清楚的顯示，某些藥物（如番木鱉鹼、印度防己鹼、安非他命……等興奮藥物）會對把學習經驗深化入腦的神經過程起作用。這些藥物使重要的事情更被記住。這些藥物誘使大腦啟動「現在開始銘記」的信號嗎？這些藥物的作用是藉由驅動腦中某一特定系統，然後這系統會對整個大腦活動產生影響嗎？正腎上腺素在其中扮演關鍵角色嗎？上面三題答案都是肯定的，下面將做更進一步的討論。

沒什麼比得上施加一點壓力

關於「訓練後注射藥物對記憶增加的效用」的研究，我是在讀研究所時開始的，當時在教授指導之下從事研究。前面有提到我的指導教授（大衛·奎取）當時多待在歐洲。在一次回國後跟我的討論中，他也同意這個研究題目還不錯。接著他在一次國際會議上簡短地提到這項研究及其發現。有位出眾的神經生理學家雷爾夫·吉拉德也參加了那次會議，他立刻就看出這項研究在生理學上的意義。他寫到：

「大衛・奎取有提到番木虌鹼會縮短要將記憶鞏固下來所需的時間，…任何改變如果能增強經驗殘留的程度和強度應該都能加速記憶鞏固的過程，…因為在經驗到強烈情緒激動時腎上腺素會大量分泌，而且這分泌會降低大腦皮質接受刺激的門檻，應該是這樣所以這種強烈的冒險經驗會被清楚的記下來。」

這個有先見之明的推想之後隨著時間被遺忘（很多科學上的想法常常如此）。但如後述，最後這變成一個很有意思的推測。直到一九七〇年代中期，研究方向都一直著墨在何種藥物類具有這類功效以及哪一類型的學習與記憶特別容易受到訓練後施用藥物的影響。這研究和情緒與記憶的關連並不明確。現在回顧起來，這是一個這麼明顯的研究課題卻被我們和其他致力於此的人所忽略。

後來會把研究重心移過來是因為，當我們開始問為何人類和其他有大腦的物種這麼容易受到一些經歷的影響而產生回溯性失憶或是回溯性記憶增強？另外，是不是實驗中使用的藥物或治療過程使大腦做了些平常不會做的事？或者這類治療接上並利用了某種調節記憶穩固的生理機制。在尋找訓練後施用藥物會形成記憶穩固的原因時，有一值得注意的重點：因為藥物是在學習後施用，所以藥物對注意力的影響不用列入考慮。排除了這個原因且根據學理上的推測，只有藥物增強了記憶穩固的程序能合理解釋實驗的結果。

那時保羅・構德（目前是伊利諾大學教授）在我的實驗室裡從事博士後研究。我們想問的是訓練激發了或是讓體內釋放了什麼物質？而這種物質和訓練後施用的興奮藥物對記憶產生了相同的影響。實驗是以足部電擊來當做學習

訓練。在抑制躲避行為實驗中動物每次躲進一條黑暗通道時腳部就會受到電擊。動物在受到足部電擊時會從腎上腺分泌壓力激素，像是腎上腺素或是皮質醇（或老鼠會分泌皮質酮），我們會這樣設計實驗的理由是想也許這些壓力激素和興奮藥物一樣，都能調節記憶的穩固過程。保羅・構德和我實驗室裡另一位研究生羅德瑞克・范・布斯克那時就在研究這種可能性。他們給實驗用老鼠注射生理食鹽水或是不同劑量的腎上腺素，注射時間分別是在抑制躲避實驗之後立即注射，或是隔上一段時間。隔天再測驗這訓練的記憶維持效果。結果如圖十所示，訓練過後立即注射腎上腺素顯著地增強了老鼠的訓練記憶效果（這是以老鼠不願意進入之前被電擊的通道來做判斷）。另外同樣重要的是，若在訓練過後隔段時間才注射腎上腺素，則增強記憶的效用隨著間隔的增加而減少。這證明學習後的壓力激素能增強對學習的記憶。這項發現顯示訓練後施用興奮藥物就類似啟動某些調節記憶的生理機制。也許前述雷爾夫・吉拉德關於腎上腺素的說法是正確的。我們必須多看些其他研究結果才能下定論。另一個腎上腺會分泌的壓力激素是皮質醇（或老鼠體內叫皮質酮），我們會在本章後面討論這種激素的相關影響。

　　首先要考慮稱為「血腦屏障」的阻礙。因為這層屏障，腎上腺素無法大量地進入腦中，有進入的話也只是微量。假如腎上腺素無法進入腦中，那當然無法直接影響腦內的神經活動；但構德和范布斯克的另一項發現卻顯示腎上腺素對腦有非常重要的影響。在抑制躲避實驗後注射腎上腺素會造成腦中短暫但大量（增加百分之二十到四十）釋放出正腎上腺素。單單受到足部電擊刺激也會使腦中釋放正腎上腺素。

　　雖然腎上腺素是如何影響大腦的問題似乎不那麼重要。但這也是個有趣

問題值得稍作回應。下面的討論是根據動物和人體實驗而得到的發現。舉例像普潘奈是一種阻斷乙型腎上腺素受體的藥物（一種乙型阻斷劑），會使腎上腺素無法發揮增進記憶的效果。這不令人意外，因為在肌肉或血管注射普潘奈會影響腦部外面的乙型腎上腺素受體，且因為普潘奈能自由進出腦部，所以也會影響腦部的受體。但是另一種名為索他羅的乙型阻斷劑，雖然不能進入腦部，但還是會使腎上腺素無法發揮增進記憶的效果。因此，腎上腺素影響記憶的效果至少部份是源於腦部之外的乙型腎上腺素受體被活化，但其他部份還是需要一個身體與腦部之間的連結與傳導機制。

　　構德廣泛研究後提出一個可能，那就是腎上腺素影響記憶是間接的，先透過讓肝臟釋放葡萄糖。然後葡萄糖會進入腦部直接影響神經元的運作。

　　為了找證據支持他的假說，他發現訓練後施用葡萄糖和施用腎上腺素一樣能穩固記憶。另外腎上腺素還能透過其他管道去影響腦部。賽德里克・威廉斯（曾在我的實驗室裡從事博士後研究，現為維吉尼亞大學的教授）曾做了一系列這類研究，另外其他的研究也都顯示同樣的結果。那就是有些重要的乙型腎上腺素受體是位於迷走神經裡，這迷走神經起於身體而連結到腦幹的核心（孤束核）。非常有趣的是，孤束核會連結到能釋放正腎上腺素的杏仁核（如圖九）。在構德和范布斯克的實驗中注射的或是足部電擊時釋放的腎上腺素很可能就是透過這條神經途徑進入杏仁核。但是在下定論前我們需要考慮更多的證據。

重新檢視杏仁核、海馬迴和尾狀核

　　首先討論腎上腺素對杏仁核的影響。從第四章的討論知道，幾種會增強記憶穩固的藥物同時也會讓杏仁核釋放出正腎上腺素，然後激發杏仁核裡的乙型腎上腺素受體。但問題在於，從腎上腺素能穩固記憶的結果來看，杏仁核裡釋放出的正腎上腺素是不是一個主要的原因。我實驗室的一位研究生梁庚辰（目前是台灣大學教授）當時就在研究這個課題。答案是肯定的、那的確是一個重要的原因。梁得到這個結果的實驗設計如下：於訓練後先在杏仁核裡注射入少量的普潘奈，然後再於外周注射腎上腺素。只有注射腎上腺素而沒有普潘奈的話會有記憶增強的效果；然而注入普潘奈後會導致腎上腺素無法發揮增強記憶的效果。腎上腺素會引起正腎上腺素釋放（透過迷走神經），但已知普潘奈會防礙正腎上腺素產生作用。梁同時發現訓練後在杏仁核注入正腎上腺素同樣能增強記憶穩固。這些發現確認了前一章裡米切拉・蓋拉格提出的論點。在後續系列的實驗中會單獨針對杏仁核的部份區域（基側杏仁核）作注射，同樣會產生這類增強的效果。

　　梁還有另一項重要發現，他發現當杏仁核與其他腦部區域（終紋）連結的主要通道受損時，訓練後對杏仁核注射正腎上腺素會失去記憶增強的效果。這項發現強烈顯示正腎上腺素是透過影響參與記憶穩固的其他腦部區域來達到增強記憶的效果。如第四章提到訓練後在杏仁核注射安非他命能影響記憶主要是牽涉到尾狀核。杏仁核與尾狀核之間是透過終紋連結，一旦這個連結通道發生損傷，兩者的交互作用就會被阻礙因而影響記憶。實驗發現與這論點相吻合。在訓練後於尾狀核注射藥物（膽鹼類的藥物如區歐索推莫靈）會增強記

憶，但是若終紋受損則沒有這種效果。

　　上面提到所有關於腎上腺素效用的發現都和第四章作的結論吻合。（見圖9）很明顯的從杏仁核裡釋放出的正腎上腺素在記憶穩固的過程中佔有一個很重要的調節角色，而這個調節機制也會影響到腦中其他區域。但腎上腺皮質酮又扮演有什麼角色呢？腎上腺皮質酮是另一種主要的壓力激素，只要受到些微壓力刺激就會從腎上腺分泌到血流裡。它也能幫助記憶穩固嗎？是的。有相當多的研究顯示，訓練後注射皮質酮或是注射類似作用的合成藥物都能增進記憶的穩固。這種激素不受血腦屏障的阻擋，所以可以輕易地進入腦部，然後在腦中很多區域的神經元裡激發類皮質糖的受體。但就像腎上腺素要發揮作用一樣，對腎上腺皮質酮來說杏仁核還是很重要的一塊區域。再來更重要的是，跟我一起研究的同事班諾・羅山多和我在大量的系列實驗中發現杏仁核中的正腎上腺素佔有關鍵角色。

　　當只針對杏仁核特定區域（基側核）注射普潘奈或其他乙型腎上腺素受體阻斷劑時，其阻礙記憶增強的效果就好像注射了會激發出類皮質糖受體的皮質酮。

　　十幾年前布魯斯・麥克伊旺在洛克斐勒大學得到了一項極重要且影響深遠的發現。他發現海馬迴中滿佈著類皮質糖受體。因此假如某些形式（比如對事件的和對場所的）記憶跟這塊腦部區域有關的話，那也許活化這些受體會對記憶穩固產生影響。證據顯示果真如此。班諾・羅山多發現訓練後注射會活化類皮質糖受體的藥物，會直接作用在海馬迴而產生記憶穩固的效果。這代表在這記憶穩固的過程中並不需要杏仁核參與其中嗎？不，正好相反。一般

訓練後若對海馬迴特定區域的類皮質酮受體進行活化能增強記憶，但是若杏仁核受損或阻斷杏仁核內的乙型腎上腺素受體則會讓這種增強效果都無法產生。這再一次地說明，杏仁核在調節腦內其他區域進行記憶穩固的過程中，佔有舉足輕重的份量。

壓力激素的雙重作用

由前述可知，腎上腺分泌的這兩種主要壓力激素（腎上腺素和皮質醇）雖然影響頭腦的方式和路徑不盡相同，但同樣會影響作用在杏仁核裡的正腎上腺素，這一點對調節記憶穩固的過程來說非常重要。這兩種壓力激素對我們日常生活提供了很大的幫助。他們重要且複雜的運作可以幫助我們在面對壓力狀況時產生立即的生理上的回應。就像是遇到危急受傷時，幫我們第一步處理的急救包。但這兩種壓力激素還有其他功能。除了幫助產生緊急時的生理回應，他們也透過從腎上腺釋放激素來增強對壓力情況的記憶。的確，要對我們所經歷的事件形成強烈且持久的記憶，沒什麼比得上一點壓力來得有效。

然而有一有趣的重點值得注意。同樣是壓力，但如果是發生在要喚回以前學過的資訊時的壓力又是另一回事了。你有類似下面的經驗嗎？在考試、在面試、在演講、在法庭作證、或者是在婚禮上交換誓詞時，腦筋突然打結什麼都想不起來。我們大多數人都有很多這樣的經驗。這通常都只是一時的記憶失誤，而不是本來記憶力就很差而捏造的藉口（當然對某些人來說也有可能真的是藉口）。多明尼克・德・闊凡與班諾・羅山多跟他們的同事一起做了兩個

實驗，實驗顯示人和老鼠都一樣，給予短時間但巨大的壓力，會讓人想不起來原本牢記的事情。這種情形大約會持續一個鐘頭。他們更進一步發現這種情形是因為一些物質的釋放，對老鼠來說是皮質酮，對人類來說是皮質醇。其結果就像施用了防止腎上腺類皮質糖合成與釋放的藥物一樣，同樣對記憶造成干擾。因此，對記憶來說壓力並不總是有幫助，壓力可能會暫時阻擾我們回想起已經記牢的資訊。雖然現在想要更正你多年前考試的成績是太遲了，但是你可能希望提醒以前改你考卷的老師，你沒考好是因為你的類皮質糖受體有毛病（也許吧）。

情緒激動、壓力激素、杏仁核活化與人類記憶的關係

我們大多是經由動物實驗才得知藥物、激素和杏仁核在調節記憶穩固的過程中所發揮的作用。原因很明顯：我們可以對動物施以任何特定的訓練。對動物，我們可以在訓練後的特定時間、在腦部的特定區域施以藥物或激素。訓練後對動物的照料可以把受訓時會對動物注意力產生影響的因素給排除掉。另外，每隻動物從訓練到接受測試的過程也可以被仔細地控制成幾乎一樣。看起來動物也不會在腦中清楚地回想起訓練經驗，只是可能不會。不幸的是，我們無法確定，因為我們無從得知動物的想法。再來對人類受測者來說，雖然需要另一套跟動物實驗不同的方法與技術，但是很多人類實驗結果發現，藥物、壓力激素和情緒激動對記憶的影響跟動物研究所得到的結果非常類似。

多些壓力

　　本章之前提過賴瑞・卡希爾所設計的觀看幻燈片實驗。我們發現配上引動情緒旁白的幻燈片會能增強受測者的長期記憶。有可能是因為壓力激素的釋放而造成這種記憶增強的效果嗎？後續的實驗利用同樣的實驗素材與程序為這論點提供了很多證據。最先卡希爾讓受測者在觀看幻燈片前服用乙型阻斷劑（普潘奈）或是安慰劑。事先並沒有預告，不過在兩個星期後請受測者回來作記憶測試。對於中段那些配上引動情緒旁白的幻燈片，服用安慰劑的受測者對這部份幻燈片的內容留有深刻的記憶。相對的，服用普潘奈的受測者對這部份幻燈片沒有特別深刻的記憶。我們已經知道普潘奈會阻止腎上腺素和正腎上腺素在體內的運作，透過這種方式普潘奈阻礙了情緒激動增進記憶的效果。如前述，實驗共有三種旁白：一種是頭尾段的中性旁白、中段有兩種，其中一組配的是不帶感情的旁白，另一組是引動情緒的旁白。這三種旁白中，普潘奈並不影響前兩種的記憶。其他類似研究不但證實了這項結果，同時發現育亨賓（一種刺激正腎上腺素分泌的藥物）能增加受測者對有旁白幻燈片內容的長期記憶（這裡的長期指的是一個禮拜）。在另一個實驗程序略微不同的研究中，克利斯帝・尼爾森和羅伯特・詹森發現對某些年長的受測者來說，讓人情緒激動的旁白能增加他們對幻燈片的記憶；然而對某些有在服用乙型阻斷劑來治療高血壓的年長受測者來說，則沒有這種效果。如前面討論過腎上腺素影響記憶的機制，起初至少部分是透過活化位於向上迷走神經裡的乙型受體（這迷走神經連結到腦幹的核心），接著傳導到杏仁核，釋放正腎上腺素。在很巧妙的系列研究中，詹森與其同事發現，不論受測者是人類或老鼠，在學習後直接對向上迷走神經施與電擊同樣能增強記憶。然而，迷走神經與腦的連

結並不是腎上腺素發揮影響記憶作用的唯一途徑。

　　另一途徑是透過腎上腺素讓肝臟釋放出葡萄糖。構德與其同事發現，在對年長受測者和老鼠的實驗中，葡萄糖能增強記憶穩固。

　　因此，以人類為受測者和以動物為受測者的實驗結果是一致的。即情緒激動會影響記憶，而且更重要的是，這影響至少部分是由於釋放出腎上腺素和正腎上腺素活化了乙型腎上腺素受體。和動物實驗研究一樣，類皮質糖受體的活化也是其中的關鍵。布坎南和羅發羅發現在觀看引動情緒圖片之前給予受測者皮質醇能增強受測者對圖片的記憶。

　　討論到這，你可能會問，現實生活中我們對壓力事件的記憶跟這些壓力激素影響記憶的實驗研究有什麼關係？對一些重症住院病人的研究顯示，上面討論的研究對於了解精神創痛方面的記憶很有幫助。大部份在醫院接受特別護理的病人都會對他們經歷過的創痛有很強烈且持久的記憶，這些經歷包括惡夢、焦慮、呼吸困難和疼痛。加斯塔夫‧謝林與其同事在慕尼黑就對這種創痛記憶作過研究。研究對象是接受心臟瓣膜更換或是其他心臟手術，然後必須接受數天到數星期特別護理的病人。這類護理治療通常都會施予病人劑量較高的腎上腺素和氫基可體松。在治療結束的六個月之後調查病人對創痛經歷的記憶，結果發現施用腎上腺素與氫基可體松劑量的高低會影響病人記憶的強弱。高劑量的壓力激素會形成較強烈的長期記憶。回到這一段開頭的問題，的確，我們在動物和人類身上作了很多實驗，來研究腎上腺分泌的壓力激素對記憶增強效果，這些研究對了解我們生活中壓力事件造成的記憶很有幫助。

杏仁核受損時

在人類身上，杏仁核有助於情緒激動造成記憶增強的效果嗎？動物實驗結果發現，的確杏仁核在這種過程中扮演居間促成的角色。但在人類實驗時，我們必須用不同的方法來問這個問題。首先讓我們考慮杏仁核受損時會發生什麼事。

有幾個情緒激動對記憶影響的實驗，特別尋找具有罕見內科疾病的患者來當受測者，這些疾病使這些受測者左右腦半球裡的杏仁核受到損傷。研究時使用和前面提過實驗相同的幻燈片和情緒旁白。卡希爾與其同事發現，與一般受測者不同的是，對兩位杏仁核受損的受測者來說情緒性旁白無法增強其長期記憶。這些受測者對投影片內容記憶的表現類似一般受測者施用乙型阻斷劑後的表現。這結果和伊利莎白・費爾普研究杏仁核受損病人的結果一樣，這證實了在情緒激動影響情緒穩固的過程中杏仁核佔有很重要的地位，這和動物實驗的結果一致。有趣的是，對腦內其他部位有損傷的記憶缺失患者作同樣的實驗，發現雖然他們的記憶會略微衰減，但情緒激動仍能增強他們的記憶。另外一項有爭議的證據顯示，對阿茲海默氏症的初期患者來說，情緒激動引起記憶增強的效果並沒有被疾病影響。

杏仁核的作用

此外，第三章提過，隨著科技發展而來的的一些新發明，像正電子斷層

攝影與機能性磁共振造影能讓人類腦部活動成像。這讓我們可以研究當長期外顯記憶在腦中形成時，大腦產生了哪些活動。這意謂著，我們能在大腦學習時「窺探」大腦，看看是大腦的哪一區域參與運作。但如我在第三章提過的，要做這類窺探時，重要的是要問對特定的問題。賴瑞·卡希爾與其同事是最早從事這類研究的人。透過正電子斷層攝影，首先他們想知道引動情緒的東西會不會專門只影響杏仁核的活動；然後如果會的話，杏仁核活動的程度和接下來形成長期記憶的強度是否相關。首先有兩類影片，一類令人情緒激動（但不愉快），另一類則不。男性成人受測者先觀看一系列這類短片，在此同時利用正電子斷層攝影（配合具放射性葡萄糖示蹤）掃瞄受測者的大腦，以顯示哪些不同的大腦區域受到活化。三個禮拜後突然再請受測者回來測試他們對影片的記憶。觀看引動情緒的影片會引起右腦杏仁核活動，這種活動的強度和對影片長期記憶的強度呈現高度正相關，達到0.93。相對的，觀看不引動情緒影片時所記錄的杏仁核活動強度，則和對影片的記憶強度無關。值得注意的是這項實驗的受測者全為男性，之後發現這也是一項重點。後續以成年女性作同樣杏仁核活動與記憶關聯的實驗也得到非常類似的結果。不過，更令人感興趣的是，對女性受測者來說，是左腦杏仁核的活動強度與後續記憶呈現高度相關。在腦部活動與記憶的關聯中，這引人好奇的性別差異仍然是一大謎團，需要很多人的投入、所幸目前也已經有很多人從事相關的解謎工作。

雖然可以把杏仁核活動與後續記憶的高度關聯解釋成是由於情緒激動所引起，而且這說法看起來也很合理，但也還是有其他可能的解釋。也許是因為對影片的新鮮感或不愉快感造成杏仁核活動與後續記憶。史帝芬·哈曼與其同事針對這些可能做了研究。他們準備了五種圖片組，分別被歸類為令人

感到愉快、不愉快、有趣、新奇或中性。讓男性受測者觀看這些圖片的同時利用正電子斷層攝影（配合具放射性氧氣示蹤）掃瞄受測者的大腦。一個月後再對受測者做記憶測試。對愉快、不愉快圖片的記憶與利用正電子斷層攝影得到的杏仁核活動呈現高度相關。好玩的是，對有趣、新奇、中性這三類圖片的記憶和杏仁核活動並不相關。

利用正電子斷層攝影技術所做的研究，我們只能得到一系列刺激事件（如短片或圖片組）的效用經過平均後的結果。使用機能性磁共振造影則能探知出個別刺激如何改變大腦活動。約翰・加布里埃利與其同事做了一個實驗，讓成年女性受測者觀看一系列圖片，不預期的在三個月後做記憶測試。看圖片時引起左腦杏仁核的活動與圖片的記憶呈現高度相關，即引起杏仁核較強烈活動的圖片被記得比較清楚。再者，被列為最能引動情緒的圖片的這種效用最明顯。

這些腦部影像的研究清楚地證實了：事件引發的杏仁核活動能幫助將事件記憶下來，而且愈強的杏仁核活動，記憶增強的效果愈好。這些發現都與動物實驗吻合。動物實驗中也找到大量的資料證實杏仁核在調節記憶穩固的過程中扮演關鍵性的角色。加布里埃利與其同事另外發現，某特定事件引起杏仁核活動的強度和這事件後續形成記憶的強度成正相關。這發現又為杏仁核活動在調節記憶穩固的過程中扮演重要角色的理論提供更進一步的證據。因為由腎上腺素釋出的壓力激素並不能在一系列事件中單單只增強對某一事件的記憶。壓力激素應該是藉由在一段較長時間裡影響杏仁核活動，而達到對事件產生持久記憶的效果。因此對一系列經驗的強烈記憶會把經驗中的小事件和插曲都一起記下來。

　　那些經歷過強烈地震的人知道地震會激起強烈的情緒反應與深刻的記憶。前面曾簡單提到過，一般來說阿茲海默氏症的初期患者在情緒激動時仍能產生較深刻的記憶。莫利與其同事在日本曾做過一項研究。他們研究的是三十六位海默氏症患者對地震的相關記憶，一九九五年發生神戶大地震時，這些患者當時都待在家親身經歷那次大地震。這場大地震造成六千多人死亡及大量橋樑與建築物的坍塌。這些受測者是在地震後六星期接受記憶測試。同時利用磁共振造影來量測受測者杏仁核的量。受測者都有不同程度的腦部衰退與認知機能損傷，但杏仁核的量（左右邊取平均）和對地震經歷的記憶表現是呈現高度正相關的。有趣的是，海馬迴區域的量和記憶之間並沒有這種關係。對於因為杏仁核的幫助使引動情緒的事件記得更牢的理論，這項發現提供了更為堅強的證據。

記憶連結

　　「當記憶產生時，大腦裡發生了什麼事？」這也許是關於記憶最常被問到、也肯定是最重要的問題之一。前面討論過的證據強烈且清楚的顯示，在對重大事件產生記憶的過程，杏仁核扮演要角。但在大腦中，杏仁核似乎又不是記憶生成與保存的地方。一些神經科學家如喬‧勒杜和麥克‧戴維斯對此做出假設，他們認為在學習接受指令的時候，腦部神經系統的改變是與情緒相關反應（例如恐懼影響杏仁核）鏈結在一起的。不但如此他們也從動物實驗中得到大量證明。然而，包括我實驗室在內的其他很多研究也發現，杏仁核完全受損或只有杏仁核基側受損的老鼠還是能學習與記憶因為恐懼而引發的經驗。再者，如前述，我實驗室的研究資料顯示，杏仁核想要影響情緒上重大

事件的長期記憶的話，是需要透過調節腦部其他部位機能才能完成的。而實際參與長期記憶穩固過程的是腦中的其他部位。以黛安娜王妃車禍身亡或飛機衝撞紐約大樓的事件為例，這意謂著，如果要你回憶得知這些消息當時你身在何處、正在做什麼？杏仁核似乎幫不上忙。杏仁核肯定有助於這類記憶的形成，而且幫助這類記憶形成得更穩固。但要構成這類記憶所需的神經系統改變比較可能是發生在大腦其他區域的回路中。

這些其他回路的構成要素是什麼？記憶在神經層面的最小單位是什麼？無疑地，以目前來說尚無詳細完備的解釋，而且短時間內也沒有這種可能；但是在解答大腦神經系統如何產生及保存記憶方面，目前學界持續有相關的研究進展。

很早就被提出且成為主流的假說是認為學習改變了神經細胞間連結的強度，而這些改變的持續存在就形成了持久的記憶。第三章討論過赫布的假說就是根據這種主流假說而來的。在赫布的書出版後約二十五年，才出現能佐證的相關重要研究。特別重要的是這項證據是有關海馬迴細胞活動改變的研究，而已知海馬迴是大腦區域中與外顯記憶穩固最相關的部份。提姆·布利斯和特爾耶·羅牟做了這項經典且影響深遠的研究。以兔子為實驗對象，他們在大腦皮質進入海馬迴的神經通道上放上一根電擊，另一根電擊放在被大腦皮質通道活化的海馬迴區域。對前者（進入通道）的刺激會在短時間內增加海馬迴細胞的活動，這些活動是以活化兩組神經單位間原有存突觸連結的方式來呈現。對進入通道重覆地施與刺激的話，不只會活化突觸連結，還會造成兩組神經單位間突觸連結的改變。

　　這種隨著活動刺激而造成神經單位連結的改變，布利斯和羅牟稱之為持久增益(long-lasting potentiation)。目前大部份神經學家普遍稱之為長期增益 (long-term potentiation)，或縮寫為LTP。這個詞意指神經單位連結的特定改變，而這些改變是學習和記憶的基本單位。也因此，對長期增益的特質和原理的研究成為神經科學領域中最熱門的一塊。不過要注意的是，長期增益為學習與記憶的基礎這個說法只是一種假說。只不過同樣重要的是，很多各類的實驗證據都支持這項假說，或至少與此假說一致。會阻礙長期增益的藥物通常會影響學習與記憶。例如，某些會經由抑制腦部蛋白質合成的機制來阻礙長期增益發生效果的藥物，同樣也會阻礙記憶穩固。再者，長期增益的發生常常與學習產生關連，特別是與引發情緒事件的持久記憶相關。有大量的資料證實杏仁核基側部位能調節在海馬迴裡被誘導發生的長期增益現象。如上可見，非常多研究顯示在大多數的情況下，長期增益幾乎無庸置疑地與學習有關。但目前欠缺更進一步把長期增益與學習緊密連結起來的證據。即我們需要證據能顯示長期增益是學習與記憶中不可或缺的一環，我們需要證據證實長期增益是記憶穩固過程的基礎。

　　隨著相關證據大量的出現，更多人開始研究在長期增益的誘發和維持背後，有著怎樣的分子或細胞層面上的機制。假如長期增益反映著記憶穩固時的改變，那麼了解長期增益時發生在突觸的分子、生化、解剖上的改變將能解答這關於記憶的最大謎團。

　　上述並非關於記憶的惟一謎團。其他謎團比如：一、長期增益至少有數種不同的形式，每一種都需要進一步研究。二、非常可能有其他形式的神經變化也能作為記憶的基礎。三、要產生記憶不光是在神經細胞間產生連結就

夠了，即產生突觸連結未必能產生記憶。最簡化來看，至少要某特定神經元組與其他特定神經元組產生連結才會有記憶生成。這些神經元間的相互連接就某方面來說必須代表特定的經驗，而且這些神經元必須是某系統一部份，這些系統處理各種不同資訊並能產生正確的反應。記憶能產生是基於突觸連接的改變，但記憶絕對還包含很多其他的機制。

如本書曾討論過，了解腦中的不同系統在記憶時所扮演的角色是一項重要且具挑戰性的課題。其中海馬迴系統尤為複雜。大多數長期增益的研究主要在檢查老鼠腦中海馬迴的改變，或是把新鮮腦部海馬迴切片放在盛有適當溶液的盤子裡做觀察，因為這樣處理切片還能保有數小時的生理機能。會研究海馬迴裡的長期增益是基於兩個主要原因：首先，長期增益最早是在海馬迴的神經元裡發現的。

因而不令人意外地後續研究長期增益都專注在海馬迴上。但值得注意的是，長期增益現象也出現在很多其他的腦部區域裡，包括在杏仁核。海馬迴不是唯一發生長期增益的地方。另一個投入研究海馬迴長期增益的理由雖然明顯卻不那麼充份。那是因為大量證據顯示在長期外顯記憶穩固的過程中海馬迴區塊扮演關鍵性的角色，因此去研究腦中這一塊區域的長期增益看起來就蠻合理的。但很明顯的，發生在海馬迴區域的長期增益並不是長期記憶的基礎。畢竟，其他腦部區域在形成長期記憶時也會參與運作，而且大量證據顯示，在長期外顯記憶穩固的過程中海馬迴區塊只在有限的時間內參與運作。因此，關鍵且持久的改變一定發生在腦部的其他地方。假如海馬迴區塊的長期增益在記憶穩固的過程中發生作用，這作用可能為以下二者之一。其一，暫時保存資訊直到資訊被轉存到比如說大腦皮質等其他腦部區域裡。其

二，與發生記憶穩固過程的其他腦部區域以某種方式產生交互作用。當難忘事件的記憶在腦中要開始穩固時，是否會在其他腦部區域發生突觸改變以形成長期增益？這又是另一個關於記憶的重要謎團，需要有心人來解答，也相信會在不久的將來得到解答。

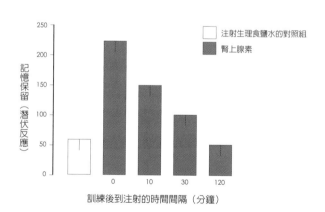

圖10 訓練後施用腎上腺素增進記憶穩固。效用隨著訓練與激素施用
的間隔而改變。訓練過後兩小時再施用對記憶不產生影響。
資料來源：構德與布斯克，1975年

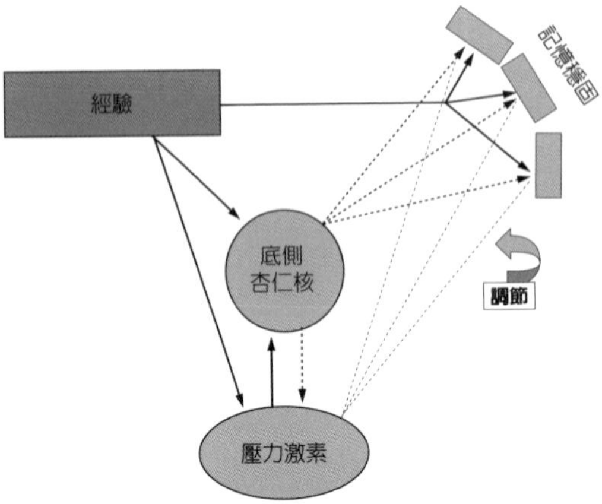

圖11　在調節發生在其他腦部區域中的記憶穩固過程時，壓力激素與杏仁核的交互作用。經驗會在腦部許多區域中引起記憶穩固。引發情緒的經驗還會活化基側杏仁核並且使腎上腺分泌壓力激素（腎上腺素和皮質醇）。這些壓力激素會藉著影響基側杏仁核裡的正腎上腺素受體來活化杏仁核。從杏仁核放射到其他腦部區域的神經連結能調節在這些區域中的記憶穩固過程。雖然皮質醇就能直接調節記憶穩固，但整個調節還是需要靠杏仁核的活化。

❻   迂迴曲折與終生難忘的記憶

很多人都玩過「竊竊私語（Chinese Whispers）」、或「傳聲筒」遊戲，在一大夥人裡，有個人鄰著旁人的耳朵小聲地告訴他一句話，如此一一傳話轉述給鄰近的人。最末一個人聽見的這句話基本上都會和原來的意思迥然不同：經常是斷章取義，可笑之至。為什麼會這樣？原則上，毫無道理句子會遭到扭曲；但就在每個人聆聽和記住句子的同時，訊息經過記憶，因此重新傳達時至少會產生些許程度的變形。遊戲的人數越多，出錯的機會越大。這個遊戲經常被視為謠言散佈的模式：訊息傳播時，每個人都必須「記憶」訊息內容，因此轉述時會產生些許的改變；通常，記憶至少會有某些程度的，具創造性的錯誤記憶。這對老婆——或丈夫——或聽父母說出某些特殊事件的記憶的孩子，早已不是新聞，因為他們總是各說各話。

創造性的記憶

記憶是一件創造性的活動。儘管像是朗朗上口令人愉悅的詩或歌曲，和家人朋友經常使用的言語以及從事嗜好時常用的詞彙，諸如此類高度重複性的內容，總是記得清清楚楚，鮮少遺忘，但是日常生活的一般事件通常卻只能創造脆弱的紀錄。如同前面章節討論的，重大事件，尤其是引起強烈情緒的事件，會記得十分清楚；但我們也提過了，那些記憶幾乎都會煙消霧散——逐漸地，日復一日地褪去。只有嚴重受創的經歷抗拒消褪。

記憶活動，無論是芝麻小事或重大事件，並非只是單純地尋找以某種方式妥善儲存在腦中某處的回憶而且原封不動還原。事實乃是，新的經驗會連結至先前的經驗以及我們對週遭環境的總體知識（語意訊息）。每當我們經歷

或討論個人的特殊記憶時，這些字詞「回憶」、「回想」、「回溯」非常精確反映出心理歷程，每次的「回溯」我們都必須「回憶」、「回想」、「回復」；並且由於我們個人經歷和總體知識之間蕪蔓龐雜的複雜關聯，因此要非常精確的保留和記憶曾有的經歷往往非常困難，如果不是經常如此的話。我們的回憶總是迂迴曲折。

英國心理家弗雷德里克·巴特萊特爵士（Sir. Frederic Bartlett）是第一位傾力研究這項重要議題的學者，他的著作影響深遠（但經常被忽略），其中一本出版於一九三二年，書名正是：《記憶》（Remembering）。我們都是小說家，我們一直在記憶裡建構故事。我們記得事件的某些細節、某些程序以及全部的經歷；但回想時，我們就得使用類似這般事件的總體知識。事件有其發生的程序，如出外購物、晚宴、宗教慶典、婚禮、葬禮、外出看電影、參觀博物館、諸如此類。當我們回想類似事件並且告訴別人，我們會使用類此事件的總體知識，和自身在此之前的經歷，還有我們自身對於特殊事件的特殊記憶；但回想有時也是模擬兩可，不明所以。不過，日益增加的總體知識讓我們得以追憶似水年華，並且將經常支離破碎的記憶添補為首尾一貫的故事。

巴特萊特的研究明白指出，即使我們不完全理解整件事，我們還是可以說出首尾一貫的故事；但是為了創造首尾一貫的故事，有時卻必須付出訛誤的代價。他的書裡有一個廣為人知的範例，一群英國籍實驗對象記憶中的北美印地安民間故事《鬼魂之戰（The War of the Ghosts）》。簡單介紹一下，故事開頭敘述有一群人坐在獨木舟裡要求一位來自Egulac的美國印地安年輕人陪伴他們溯河而上與上游的人開戰。接下來的故事是：

於是這些戰士溯河而上抵達位於卡拉瑪（Kalama）另一側的小鎮，人群涉過溪水，戰鬥開始，許多人都被殺害了。然而就在當下年輕人聽見一位戰士說：「快，我們撤退吧；那個印地安人被擊中了。」現在他明白了：「喔，他們是鬼魂。」雖然他們說他被射中了，但他覺得自己安然無恙。於是獨木舟回到Egulac，年輕人上岸返回家中，燃起營火。然後他告訴每個人說：「瞧！我陪著一群鬼魂，一起去戰鬥。我們這邊死了很多人，敵方也死了很多人。他們說我中箭了，可我還是好好的，完全沒事。」他把整件事一五一十說出，然後就一聲不吭。太陽一昇起他立刻跌倒在地，黑色的東西從他的嘴裡冒出，他的臉孔開始扭曲變形。所有人跳了起來，一面哭泣。他死了。

每個人讀這個故事兩次，然後重述這個故事，務求內容詳盡，首先距離十五分鐘之後重述，然後逐漸加大時間間隔，如此一再重複。大致上，故事會明顯地縮短許多；現代詞彙的使用會越來越多；故事愈來愈完整，鬼魂的意義愈顯得混亂。其中一位英國人在間隔兩年半以後努力回想故事內容：

有一些戰士企圖和鬼魂開戰，他們鏖戰終日，其中一位因而負傷，到了黃昏戰士們揹著受傷的夥伴返家。長日將盡之時他的傷勢越來越嚴重，村民圍繞在他身邊。落日餘暉中他長嘆一聲：黑色的東西從他的嘴裡冒出，他死了。

可能有人認為，可以理解這個版本是根據原有的版本而來。但是很明顯地這份回憶的版本丟棄了很多細節並且扭曲原有的描述。倘若在法院宣誓的證詞向來就是如此，可以想見這份研究報告的意義有多重大了：「所以，」律師說：「這就是你的證詞，那位年輕人被鬼魂殺害了。是不是這樣？」在某些情況下，這個故事的些許改變可能就是極具關鍵性的改變。巴特萊特的

發現質疑了一項重要的議題，證人在法庭的證詞的可靠性，接下來我們會繼續討論；但就整體而言，這項發現明顯揭露，我們必須明白，記憶是個創造性的活動，擷取運用可遠多於，也可遠少於，原來儲存的訊息。

前面幾章我們討論過鎂光燈記憶（flashbulb memory）的研究，我發現過去某項實驗證明指出，儘管時間久遠，大致上實驗對象的回憶還是確實可靠。舉個例子，根據針對何時、何地、以及如何得知辛普森（O.J. Simpson）審判結果所做的實驗，在事件發生三十二個月之後，百分之五十的實驗對象的記憶完全符合事實或只有極小的謬誤。同樣也是非常重要值得注意的是，百分之四十的實驗對象對於事件的記憶錯誤百出。然而，同樣值得一提的是，目睹商店主人遭到射擊而且槍殺一名搶匪，因而驚魂未定的目擊者的報告發現，在槍擊案發生兩天之內有百分之九十三的目擊者的回憶確實無誤，幾個月之後，仍有百分之八十八的目擊者的回憶確實無誤。因此，很明顯地，不是所有的記憶活動都屬「巴特萊特模式」。高度情緒性的重大經歷比較不容易受到記憶重建過程的影響。某些記憶的迂迴曲折多，某些會比較少。記憶的原創性越高，迂迴曲折越少。嫻熟於心的訊息不太會受到記憶扭曲（memory distortion）的主宰。我不相信你會把16記錯，放在15之前；但你偶爾也會記錯字母的排列，把S記成在Q的前面或把Y記成在V的前面（除非你先唸一遍字母排列表）。倘若熟記在心並且經常使用，你不太可能會忘記自己家的地址、電話號碼、或電子郵件信箱。

記憶錯誤訊息（Remembering misinformation）

心理學家詹姆斯・狄斯（James Deese）進行過一個比較簡單的實驗研究，然後由亨利（Henry Roediger）和凱瑟琳・麥德摩（Kathleen McDermott）進一步發展，顯示人們創造不正確的記憶並不難。在這些實驗中實驗對象被要求閱讀一連串的字詞，例如：「線（thread）」、「釘（pin）」、「縫（sewing）」、「尖（sharp）」、「點（point）」、「刺（prick）」、「籤（thimble）」。然後又告訴他們另外的一些字，其中包含「針（needle）」這個字詞，詢問他們這些字是否在原來名單中。答案是否定的。不過，大多數的實驗對象都確信「針」在原來名單中。儘管狀似平淡無奇，但想像一下這些發現的重要意義，倘若有個謀殺案的關鍵點就是嫌疑犯是否曾說過「針」這個字。一丁點的錯誤記憶卻可能導致難以估量的後果。

更複雜的錯誤記憶也可創造出來。伊莉莎白・羅芙托斯（Elizabeth Loftus）與她的同事設法讓成年的實驗對象相信，他們童年時在逛街中曾經與家人走失。實驗對象聽到的故事是實驗者無中生有的故事。一位女性實驗對象被告知的故事是：

妳，妳的媽媽，Tien和Tuan，一起到布雷莫頓（Bremerton）的K-Mart購物廣場。那時候妳約莫只有五歲大。妳的媽媽給你們每一個人一些錢購買藍莓口味的思樂冰（ICEE）。妳跑在最前面，然後就在商店裡迷了路。Tien找到妳的時候，妳正在一個中國老婦人面前哭泣。然後你們三人一起去買思樂冰。

　　這位實驗對象承認自己也曾走失過，並且進一步敘述：

　　我隱約記得到處亂走…哭泣，我以為自己永遠走失了。我走到賣鞋子的部門，還有賣手帕的鋪子…我一直繞著購物中心轉了大約十次。我只記得一邊走一邊哭，我不記得那位中國老婦人或思樂冰（不過或許是紫莓口味的思樂冰）那一部份。我甚至不記得是怎麼被找到了…我只記得自己覺得沒有人在尋找我。我一度堅信自己在K-Mart購物廣場永遠走失了。

　　不是所有羅芙托斯的實驗對象都那麼容易接受聽到的虛構故事的影響。只有大約四分之一的實驗對象會發展出錯誤的──或部分錯誤的──記憶；與真實事件的記憶相比較，實驗對象的錯誤記憶短了一些，並且含糊不清。在告訴兒童錯誤訊息的實驗中，我們發現迴然不同的結果。這一系列的研究，史蒂芬（Stephen Ceci）與他的同事讓學齡前的兒童個別觀看一組卡片，每張卡片描述不同的事件，每週一次連續十週。每當兒童揀選一張卡片之後，面談員會朗讀給兒童聽，然後詢問這件事是否曾經發生在他們身上，舉例來說，「努力想想，告訴我這件事有沒有在你身上發生過。」有一張卡片上寫著：「被捕鼠器夾到手指，必須送到醫院把捕鼠器拔起來。在連續十週的最後一天，改由不同的成年的面談員與兒童晤談，百分之五十八的兒童會說出至少一件卡片上寫的不存在事件的錯誤的（例如虛構的）陳述，百分之二十五的兒童對於一再暗示卻根本沒發生過的事件產生錯誤的陳述。針對這些發現，史蒂芬認為：兒童陳述故事的精細程度令人感到驚訝，他們會加三添四；在他們陳述手指被捕鼠器夾到時整個事件的過程，兒童表達的上下文中蘊含首尾一貫的邏輯。不過，再一次地，值得注意的是，很多兒童（百分之四十二）並沒有創造錯誤的陳述。記憶並不總是迂迴曲折，包括幼小孩童的記憶在內。

然而，正如伊莉莎白‧羅芙托斯和凱撒琳‧柯茜在其著作《The Myth of Repressed Memory》（譯注：中文書名為《記憶與創憶》，遠流出版社出版，譯者為洪蘭）中所說，有些家庭的生活有時可因記憶錯亂而被毀。書中仔細討論恢復童年時被壓抑的記憶的成年人認為他們多年以前曾經遭受父母性騷擾的案例。倘如不是絕大多數，也有很多的個案，宣稱從這般「被壓抑」的記憶中恢復時，其實是心理治療師刻意主導東添西補的結果。沒有科學證據顯示強烈情緒的記憶（或是任何一種記憶，就這個範圍而言），會「被壓抑」，到了後來又會「恢復」，像這般斷然宣稱，最好還是多多懷疑其真實性。更進一步，諸多證據顯示錯誤記憶可以因為對於原來的剖白具有說服力的擴大解釋的蓄意暗示（suggestion）而創造產生。也就是說，有時迂迴曲折的記憶會導致危險和不幸，如同伊莉莎白‧羅芙托斯和凱撒琳‧柯茜在這本書某一章的標題所示：「不曾發生過的事實。」在諸多類似的案例中有一個案子：威斯康辛州一件審判案判決一位精神病醫生必須賠償某個家庭八十五萬美元，因為這位精神病醫生對一位婦女植入錯誤記憶，引導病人相信曾經遭到父親性侵害，而且父母還因為信仰某個宗教，強迫他人與動物性交，並且親眼目睹嬰兒被殺害然後被吃掉。判決之後，為這個家庭辯護的律師認為，這種心理治療讓人無法防備。這個判決傳遞了一項訊息，即這種心理治療必須終止。這種判決以及訴訟費用已具使之終止的力量。

雖然兒童和成人對於事件的記憶，有時，或者時時，會有意或無意地受到錯誤記憶的主宰，顯而易見，事情不全然皆是如此。我們設法確實無誤地記憶很多事情。如果我們無法維持確實可靠的記憶，生活將會一團混亂。想想看，倘若搞不清楚那個房子是你的家，那一部是你的車，誰是你的孩子？當然，罹患阿茲海默症和其它記憶功能失序的疾病誠屬不幸。對大多數人而

言，大部分時間，我們的錯誤記憶都屬於少數情況；然而，對大多數人而言，一再被創造的深刻記憶或情緒強烈的經驗記憶，至少是容易受到有意或無意的錯誤記憶的影響。我懷疑可以說服你相信，東尼布萊爾（Tony Blair）是法國首相，倫敦塔（Tower of London）位於紐約，你的生日是二月三十日，貓王（Elvis Presley）是雜耍特技演員，或帕華洛帝（Luciano Pavarotti）是英國足球明星；而且如果你有重大的創傷經驗，例如重大車禍，我相當懷疑可以說服你相信，車禍不曾發生過，或發生在丹麥格陵蘭島。反而，如何處理車禍之後產生的令人永生難忘的創傷記憶才是問題所在。

心靈黑洞

十七歲時，一輛醉酒駕駛的車撞上我駕駛的車子左側，撞裂了保險桿和車門。當時就在高速公路上，我下車查看，立刻注意到我最喜歡的夾克破了。接著我注意到我的傷勢，並不嚴重。車子被撞到時，我確實記得我在什麼地方，我正在做什麼，而且記得很多細節：那是深夜時分；右邊有一堵石牆。那輛車的駕駛撞上那一堵牆，傷勢非常嚴重；但是我幸運多了。這場車禍讓我受了一點小傷，還留下非常深刻（但實在是不甚愉快）的記憶。很多人發生嚴重事故或遇上強盜、或遭到強暴、或目賭殘忍恐怖的事件，會產生強烈不愉快的記憶並且有時會有令人元氣大傷的夢魘和焦慮。根據估計可能會有百分之十到十五的人在創傷過後罹患了「創傷後壓力失常症候群」（PTSD）。幸運的是，很多個案的症狀在幾個月內逐漸減輕，但是對某些人來說，PTSD是終其一生的痛苦。

戰爭的驚怖釀成諸多PTSD的案例。上個世紀（無疑地還有許多在此之前的世紀）軍人因為血戰沙場造成的心理創傷，最佳的說法是「炸彈休克症（shell-shocked）」，最糟糕的說法是，裝病。而今PTSD被接受了，PTSD乃是由於個人非比尋常的經歷，讓人產生嚴重威脅的創傷事件，引起的嚴重失常，通常的症狀是「⋯一再發生令人不愉快的創傷事件的回憶、夢境和沉溺。」PTSD有一項驚人的特性是歷久彌新。PTSD的患者會重複經歷創傷事件，每次的情境都是歷歷在目，彷彿創傷事件再度發生一般。對PTSD患者的研究，彰顯了「⋯生活中壓力事件會以一種誇張的病態型式，對情緒性記憶造成持久的影響。」事實上，某些極端的例子中，創傷事件的記憶會在PTSD患者的心靈中形成『黑洞』，將所有的聯想吸引進去。

在一連串廣泛的研究中，羅傑皮特曼（Roger Pitman）與他的工作夥伴研究罹患PTSD的越戰退伍軍人，被喚起在越南的經歷時的情緒反應，並且與其他健康的退伍軍人的情緒反應交互比較。他們根據退伍軍人的個人經歷建構一份底稿，然後把底稿朗讀給實驗對象，記錄他的生理反應。下面這個例子是某位罹患PTSD的退伍軍人的經歷：

你剛剛接到一個立刻出發埋伏的指令。你坐在茂密的象草叢中試著找出會可能遭到攻擊的地方。然後你聽見他們走近，發出談話聲、笑聲和玩笑聲。你屏住氣息，停止心跳。你僵住了，彷彿動彈不得。他們發出的聲響越來越大。他們就在你的正前方，你可以從看見他們腰際下斜垂的AK衝鋒槍。他們通過時，你數著人數，當數到四的時候，屎尿忍禁不住。接下來只知道，你一直看著一個死掉的亞洲人的腳。你的同袍喊著：「起來，我們走吧！」此刻你心跳急劇，你的腿顫抖不已，彷彿你想要跑，但無路可去。你站起來看見一顆

被轟掉的亞洲人的頭頂，他的腦髓在陽光下閃閃發亮。在此之前，你不曾見過血和內臟，你覺得反胃想吐，驚嚇不已。

聆聽這些敘述時，與健康的退伍軍人相比較，患有PTSD的退伍軍人有明顯的心跳加速和血壓增高現象。皮特曼和歐爾（Orr）從二次世界大戰退伍軍人回憶數十年前發生的創傷經驗中，發現生理反應可「歷久彌新地」被強烈喚起。雖然大多數的記憶會隨著時間流逝，創傷記憶卻可能永生不忘。

PTSD有一項絕對令人好奇的重要特性就是，此症經常會延遲發作。雖然對於創傷事件的記憶不會延遲出現，其他的症狀卻會在事件發生之後與日俱增。皮特曼和歐爾認為壓力荷爾蒙可能與PTSD的潛伏期有重大干係：「…創傷事件的回憶可能導致壓力荷爾蒙的分泌，進一步強化記憶痕跡，導致更大的類似的侵擾更加容易重現，讓壓力荷爾蒙更進一步分泌。」結果造成正向回饋環路，從沒有明顯症狀強化為症狀明顯的 PTSD。從這個假設可以清楚地推論出，PTSD是有可能制止的，或至少藉由阻斷因重複回憶創傷事件而造成壓力荷爾蒙分泌的生理作用，降低PTSD擴大惡化。

如同前面幾章熱烈討論的，諸多證據顯示，壓力賀爾蒙腎上腺素和正腎上腺神經傳導素（neurotransmitter norepinephrine）在增強牢固的重大情緒經驗中扮演關鍵的角色；而且還有諸多證據顯示，根據動物和人體實驗，乙型阻滯劑（beta blocker）──一種藥物，能夠阻斷由腎上腺素和正腎上腺素正常激起的乙型－腎上腺素受體（β-adrenergic receptors）──可以在牢不可破的長期記憶中制止情緒激動的增強作用。因此建議經歷創傷經驗的人可以注射乙型阻滯劑，藉由遏止創傷記憶的增強作用，來阻斷PTSD的擴大惡化，否則每次記憶

重現將會導致病情惡化。最近幾個研究的結果也與這項假設吻合。其中一個研究，為急診病房內曾經經歷創傷經驗的病患施打普荼洛爾（propranolol）乙型阻滯劑或安慰劑，病情發作的六個小時內注射一次每天四次連續十天。每日逐漸減少普荼洛爾的劑量。病情發作的一個月之後，施打普荼洛爾的病患的PTSD的症狀改善許多；兩個月之後，當他們被要求回想創傷經驗的「畫面」時，與注射安慰劑的病患相對照，生理反應降低不少。另一個研究，使用類似的程序，病情發作的二十個小時內注射一次，兩個月之後PTSD的症狀有大幅度的改善。這些研究，都是根據普荼洛爾對於受情緒影響的記憶的效果的動物和人體實驗證明，提供了強烈證據支持阻斷壓力賀爾蒙腎上腺素可以降低或遏止PTSD擴大惡化的假說。我們可能無法填滿因為PTSD而產生的心靈黑洞，但是從這些發現得知，我們有可能制止像這樣的恐怖洞穴的產生。畢竟，雖然大多數人都盼望能夠記住很多事情，還是有許多人寧願忘記很多事情。

過目不忘

書店的書架上陳列林林總總保證增進記憶技巧的書，健康食品商店的架子上陳列著各種品牌保證強化記憶能力的草本食品。書籍和草本食品在架上擺不了多久：瞬間銷售一空。美國一年銷售銀杏葉草本健康食品的金額幾乎達到兩億五千萬美元，雖然幾乎無法證明它的功效，但是就好的一面來說，可以突顯美國消費者信心指數。所有這些現象證明我們渴望更強、更持久的記憶能力。我們渴求永不遺忘自己的經歷；但我們應該保留這般的記憶嗎？我們應該對自己的祈求保持謹慎態度。確實，如同先前討論的，有很多特殊

經驗，我們非常希望能夠忘得乾乾淨淨；而且我們沒有必要記住日常生活每一項微不足道的細節。對於重要有用的事情的選擇性記憶才是我們迫切需要的。一如心理學家威廉·詹姆士（William James）所述：「選擇性乃是支撐我們心理之船的船脊…倘若我們記住每一件事，我們大概與每一件事都記不住一樣病態，我們回憶的時間會與原先經歷的時間一樣久，如此一來我們的思維將無法正常運作。」因此，就長期而言，大部分瑣瑣碎碎的生活經驗是，而且應該，可以遺忘的。從這個觀點而言，永遠都不夠的各種所謂的保證記憶力大增的草本食品的品牌真是太幸運了。再仔細思考為什麼我們可能不希望擁有可以達成我們願望的草藥，參考某些擁有超凡記憶能力的人，可以啟發我們的看法。

首先，一些小說的內容。偉大的阿根廷作家波赫士（Jorge Luis Borges）在他的短篇小說《博聞強記的福內士（Funes the Memorious）》描寫一位曾經從馬背上摔下來的年輕烏拉圭人，此後便只能癱在床上。他借了幾本拉丁文的書，包括老普林尼（Pliny）的著作《自然史（Naturalis historia）》，他很快就閱讀完畢，並且以拉丁文和西班牙文討論

…《自然史》一書中記錄的一些記憶力驚人的例子：波斯王居魯士（Cyrus），可以記住他的軍隊裡每個士兵的名字：米斯里戴特（Mithridates Eupator），用二十二種語言制定法律統治他的王朝。施蒙尼迪（Simonides），是記憶術科學的創始者：梅特羅多勒斯（Metrodorus），只要聽過一次便能信心滿滿地複誦無誤。（福內士）顯然非常自負，對這些例子竟然被認為不可思議感到很驚訝。

福內士說：「自從開天闢地以來，我一個人記住的事情比全部人類曾經擁有的記憶還要多…我的世界宛如一座大垃圾場。」波赫士寫道：

事實上，福內士不但記得每座樹林裡的每棵樹木的每片樹葉，也記得他每次感知或想像的每片樹葉的情形。（福內士）…我們不要忘了，幾乎沒辦法形成普遍的概念，柏拉圖式的…我懷疑他也不很能思想。要思考就得忽略差異、歸納、產生抽象的想法。在福內士的無窮盡的世界裡，只有瑣碎的細節。

不重要的、永不遺忘的細節。

再來，一些檔案記載的驚人的記憶力例子。一九六八年，卓越的蘇俄神經心理學家盧力亞（A. R. Luria）出版他的英文版著作《A Little Book about a Vast Memory : The Mind of a Mnemonist》〔譯注：中譯書名為《記憶大師的心靈》，小知堂出版社出版〕。這本書記錄他用了三十年的時間研究一位失敗的音樂家兼新聞記者成為記憶專家，或稱為「記憶術專家」（mnemonist）的經過。當記憶術專家還是新聞記者時，他的編輯注意到了S（他在書中被稱作S），雖然他名不見經傳，但是能夠過目不忘。這位編輯好奇S擁有的記憶能力，於是他派S去拜訪盧力亞，盧力亞很快便發現S的記憶容量幾乎不會窮盡，而且還相當精確。多達七十個文字或數字，S都可以一字不漏地從頭到尾背誦，甚至還可以倒背如流。在典型的實驗中，會讓給他看著一張列著幾個欄位數字的表格，看著這張表格幾分鐘之後，他可以回憶表格的數字，甚至於順序相反，或是對角線的數字。你自己也可以試試看，或請你的朋友做實驗，看看他記憶的本領。祝你幸運！應該是很要好的朋友吧，才不會讓他／她認為你在耍

猴呢。經過日以繼夜連番不斷的測試之後，盧力亞做了結論，S的記憶能力和他的記憶痕跡的持久性毫無止盡。這個無與倫比的記憶能力讓S成為專業的記憶術專家。

很有趣的是，身為娛樂藝人他的最大問題就是記性太好。每天晚上他通常會進行幾次的表演，背誦寫在黑板上然後隱藏起來的數字，他很難忘記前面幾次表演寫在黑板上的數字，甚至是前幾天表演的數字。一如盧力亞所說：「我們要如何解釋他腦中的印象如此頑強抵抗，抵死不退，他保留記憶的能力不只是數年之久，甚至長達數十年？…要如何解釋S可以自由選擇保留記憶的期限為十年、十二年、十七年呢？為何他可以容納永不磨滅的記憶痕跡？或許知道S知覺事物的方式可以幫助你或你的朋友，知覺事物的同時他會產生獨特的味道、聲音、顏色，一種稱作「聯覺作用（synaesthesia）」的心理能力，聯覺作用可以增強記性。他說：「我記住一個字不只是因為它產生的影像，而且還要加上這個影像激起的整體複雜情感。難以用言語表達…我認知的不是單一的影像或聽覺，而是某種全面性的感官認知。通常我可以體驗到每個字的味道和重量…」

知道這件事似乎無法幫助你增強記憶力；但是S的非同凡響的記憶對他的日常生活也沒多大的幫助——背道而馳。他的經歷，如同博聞強記的福內士一般，與他的記憶糾纏不清。他寫道：「我閱讀時看見的事物不是真的，與週遭環境不協調。如果我正在閱讀某個宮殿的描述，不知為何主要的房間總是變成我童年時住過的公寓房間。」他的一生經常在換工作而且不論做那一行都失敗。盧力亞的結論是：「…對他而言很難斷定哪一樣才是真實的：他住在想像的世界裡，或者他在真實世界裡不過是個過客。S過著虛構的博聞強

記的福內士的生活——或許同樣地不太成功。」

　　另一位記憶術專家，V. P.，則是被華盛頓大學的亨特（Earl Hunt）和勒夫（Tom Love）發掘。V. P.生於拉脫維亞（Latvia）的里加（Riga），一個有趣的城市，距離S童年居住的地方很近。他上學，S也是如此，那裡非常看重記性。他那非比尋常的記憶力很快就被發現。五歲之前他就可以記住城市的街道圖，還有火車和公車的時刻表。他八歲開始玩西洋棋，這成了他最大的嗜好。V. P.在美國讀完大學，之後選修一些研究所的課程，同時在商店裡擔任店員。他是個西洋棋大師，可以同時下七盤棋，而且是矇著眼睛。他至少可以下六十手的心棋。他的IQ測試值很高（136），尤其是記憶力的項目。他的數字記憶長度（記住一閃而過的一聯串數字的長度）是21.5，而一般大學生的數字記憶長度是低於8。他記憶數字表格的能力與S旗鼓相當，但與S不同，V. P.聲稱自己並沒有運用想像力。然而，他顯然使用了記憶術的技巧。紀錄一列數字時他會把數字當成日期，然後詢問自己當天他做了些什麼。如果你自己或朋友仍然計畫挑戰記憶數字表格，你可以試試把數字當成日期是否會容易些。再一次，祝你幸運。

　　這一章的開頭，我摘錄了巴特萊特在他關於記憶的研究著作中提及的《鬼魂之戰》故事。我也引述了一位實驗對象兩年半之後對於這個故事的回憶內容。你不要回頭去翻這兩段敘述，自己可以試著回憶《鬼魂之戰》——記住，細節和故事情節一樣重要。如果你真的想要回憶這篇故事的內容，寫下來，然後比較你的版本與巴特萊特的版本的差異，以及V. P.回憶的版本，這是亨特和勒夫記錄的六週之後V. P.的回憶內容：

一夥人沿著河流抵達卡拉瑪上游某處，那裡的人看見他們靠近，往下走到河裡，然後開戰。戰火熾烈時，年輕人聽見有人說：「快點，我們回家了，那個印地安人受傷了。」他們一定是鬼魂，年輕人心想，他根本沒有受傷。然而，這一夥人回航，而他從河裡返回自己的村落，他在自己的茅屋外升起營火，然後等待日出。「我們偕著一夥人去上游與那裡的人打仗。」他告訴聚在營火周圍的族人：「雙方死傷慘重。我聽到有人說我受傷了，但是我仍然安然無恙。他們可能是鬼魂。」他一五一十告訴族人。太陽升起時，他的臉孔開始變得歪七扭八。黑色的東西從他的嘴裡冒出，接著便跌倒在地。他死了。

如果你回憶的內容不如V. P.精確，你可以再看一次原來的版本，然後再試試看——或者你可以要求朋友再試一次。為什麼有些人——顯然是非常罕見——擁有如此超凡的記憶能力？簡而言之就是我們還不知道。我們也還沒有建立任何可能產生新洞見的引人注目的具體假設。我們只知道S和V. P.就讀的學校需要大量的記憶能力，而他們的童年都在拉脫維亞度過；但是這些訊息對於尋找線索毫無幫助，我們都知道，太多的兒童有類似的生活經驗，但是沒有人會像S和V. P.一樣。S和V. P.的頭腦，以及尚未被發現的記憶大師，是否因為訓練或者因為遺傳，或許是二者都有，而就是與你我不同；到目前為止我們對於這般不同凡響的記憶的成因仍然一無所悉——只有留待後來者繼續研究這個充滿興味又極度重要的課題。

不可思議的記憶

我現在要把議題轉至人類某種不可思議的記憶：出乎尋常的記憶能力有

時也會在兒童和成年的自閉症患者身上見到；約百分之六的自閉症患者擁有某些非比尋常的能力，而且是根基於（至少某部份）高度精確的記憶力。他們的能力遠超出正常的兒童和成人。年曆推算（calendar calculation）是其中最常提出報告和研究的技能。我先舉個例子，一位智商約七十的年輕自閉症患者，他無法學習相形之下更簡單的加法和減法，但是能夠說出二十世紀的哪一天是星期幾。很多會推算年曆的人都可以推算數個世紀的日期。例如，有的人就可以答出西元一千年至兩千年內哪一天是星期幾。年曆推算的能力在不同人的身上會有所區別，從五年到四千的範圍都有。有一對特殊的雙胞胎自閉症患者兩人都具有年曆推算的能力，其中一人更是能力超凡，可以推算至少六千年以上，遠勝於任何一本萬年曆。有趣的是，他在一五八二年之前的答案是不正確的，那一年格列哥里曆（Gregorian calendar）取代了羅馬儒略曆（Julian calendar）。當然，只要知道正確的方法任何人都會推算年曆，但這不是一件容易的事。參考以下範例：

推算方法是，從該年的末兩位數字開始，除以四，然後將該年的末兩位數字再加上除四之後的整數，忽略餘數。該月以從零到六的數代表，然後再加上該日的數字，這個總數再除以七，略去整除的部份，只要餘數就好。這個餘數套上每星期的序數就是答案了。

如果你或你的朋友對於回憶《鬼魂之戰》的挑戰躍躍欲試，你也可以僅使用上述的方法很快地找出一九〇三年十二月十七日飛機史上第一次成功的飛行是星期幾。找出答案可能需要一些時間。患有自閉症的推算大師可以在幾秒內說出答案，不需要書、萬年曆或電腦的幫忙。所以，他們是怎麼辦到的？即使深入研究年曆推算大師，仍然找不到單一的答案以及提出假設的學

說。顯而易見，這需要大量的記憶力；但這樣的記憶能力與一般數學推算是有所區別的，而且和其他的低智商的人所使用的記憶能力也是有所不同。

有何線索？某些自閉症大師（autistic savant）可以推算萬年曆；而且他們的父母也有這種能力，但是他們的父母不需要用到這種技能。或許你需要萬年曆，研究一下，看看你自己是否能夠做到如同上述的推算。再一次，祝你幸運。最好的假設（姑且猜測）是這項能力根基於極特別的內在推算策略的超凡發展——也就是說，推算大師能夠簡化規則、學習、記憶，並且運用它們。當然，他們雖能成就這一切，卻毫無解釋自己為何或如何能夠如此的能力；但是具有超凡能力的人將如何解釋他們天賦異稟的因由呢？非自閉症而且天賦異稟的人確實知曉自己的潛能，但對於進一步的根本原因也是莫名所以。

從其他自閉症大師與生俱來的藝術才華可以發現他們的抽象化的能力。根據研究報告就有這般可以演奏出數名音樂家風格的曲子的案例。某些有繪畫天份的自閉症大師和同等智商的人相比，依據較少的訊息即能拼湊出圖像，同樣具有研究價值。這般的天賦異稟創造出不同凡響的成就。領有殘障手冊的盲人自閉症大師沃羅（Richard Wawro）的蠟筆畫作的售價高達一幅一萬美元。克里門斯（Alonzo Clemons）也是一位具有奇特能力的自閉症大師，根據報導，他可以用粘土製作精緻的動物圖樣，通常只需要一個小時。他的雕刻作品，陳列在科羅拉多亞斯本（Aspen）的德里斯科（Driscol）畫廊，展現對細節的豐富知識以及作為雕刻家非凡的天份。一張二維空間的動物畫像他只須瞄一眼，就能在幾秒鐘之內繪出三度空間的動物畫像的複製畫，不僅美得讓人怦然心跳，而且肌肉紋理的細節表現栩栩如生。他最著名的作品是一座馬群的原尺寸雕像，標題為「三匹嬉戲的幼馬（three Frolicking Foals）」。當然，

這般的藝術天份需要非凡的記憶——一種非比尋常的特殊記憶。

記憶力：省思與謙守

　　這些自閉症大師，智商偏低而且幾乎無法照顧自己，他們獨特而非凡的天份究竟從何而來？為何你我就沒有這般特殊潛能？自閉症大師的頭腦與我們這些人有何根本差異？了解他們的頭腦可以提供關鍵性因素，深入發現我們所有人的學習與記憶運作。有一個可能性是，由於某些腦部區域或歷程未開發，因而刺激其它需要這般特殊能力的腦部區域過度發達。另一個更加有趣的可能性是，我們所有人都具有這般可以發揮特殊潛能的頭腦，但是我們完整的頭腦的正常機制可能制止特殊潛能的表現。我們腦中很多系統的交互運作都是為了讓我們獲得、保留和使用各式各樣的訊息。這般交互運作可能限制某些需要更多記憶作用的特殊腦部系統的功能。因此，或許我們所有人都可能具有終生不忘的記憶力，可以激起各種潛能；但這個課題是尚未寫就的篇章，根據的是我們腦中尚待研究和理解的記憶系統的作用：記憶的另一大秘密——等待被解開的謎題。

❼ 大事記

總結

大事記就是值得紀錄的要事。所以，在這簡短的摘要裡，我們將回顧某些關於記憶的重要記事。自從科學開始探索記憶一世紀有餘以來，記憶的運作及促成其運作的腦部作用，也漸漸撥雲見日了。首先，有一個重要的發現是，任憑數世紀以來的懷疑，透過適用於任何科學探索的基礎方法與技巧，記憶是可以被客觀研究的。其次，關鍵在於發展出調查動物和人類記憶所需的特殊方法；另一個關鍵是藉由人類記憶病變所發現的寶貴教訓。最後，多項研究技巧的發展不但使腦部系統的探討成真，更讓統合與創造吾等經驗的瞬間、或持續表現的神經生理機械曙光乍現。

即使先於科學研究之前，就有許多關於記憶的文獻。或許威廉·詹姆斯（1890）對記憶提出了最佳的科學前（即先於實驗的）思考，他先區分近期記憶與持續記憶，並視習慣為記憶的不同型態。他的區分在今天對短期記憶、長期記憶，與動態學習的研究裡獲得印證。我們還學到腦部也印證了這些區別，不同腦區域負責每種記憶型態的主要任務，其間的互動一如交響樂團。

在學習和記憶的科學研究初露端倪後，時代先驅的巨擘，包括帕夫洛夫（1927）與桑代克（1898），創建出研究動物記憶的方法，其他學者，特別是包括托爾曼在內，證實動物的許多學習，就像人類的學習一般，是由吾等經驗的可預測性所構成的。每次經驗都使我們保留資訊，藉此對我們之於世界的存在作出理所當然的預測，並且應用這些資訊作出，通常是合乎應對的行為。

我們從希伯集大成又深具影響力的書中，學到更多短期與長期記憶的特性，以及書中所暗示的，學習後神經反射活動對於創造持續記憶所需之結構

性改變的重要性。在此同時，二十世紀中葉鄧肯等人的研究發現，指出在學習後立即介入腦部機能的療程會破壞記憶，這使得穆勒與皮爾切克長期備受冷落的記憶固化假說，再度引起學界的興趣。這些發現刺激我個人的研究（1973），連同其他學者，均致力於探索在訓練後對動物與人體實驗對象施射藥物或其他療程之於記憶的強化效果。這些研究又進而導致我們發現訓練所釋放或訓練後注射的壓力荷爾蒙，也可以加強記憶的固化。研究也顯示，藥物和壓力荷爾蒙是經由特定的腦區域——即杏仁核側底核——而影響記憶固化的；該區域又透過其對各腦區域所處理的不同記憶型態的影響，來調節記憶的固化（2002）。

臨床發現，以及觀察或實驗研究，充分證實情緒升高的經驗更傾向於被記憶；雖然我們都知道，或者以為自己知道，但這項結論在大量事實的充分佐證下更顯得意義重大。而壓力下釋放的荷爾蒙與杏仁核的活化，可以引發動物與人類的強烈記憶的證據，似乎解釋了這些充分記述的作用。至於特別的受創經驗足以導致強大、長久的創傷記憶，或壓力後創傷症候群（PTSD）如今更獲得合理而充分的認知。Pitman（Pittman, R. K. & Orr, S. P., 1995）認為壓力後釋放的荷爾蒙，可能在創傷後壓力症候群的發展上扮演關鍵的角色。這項假說亦獲得令人信服的證據支援，顯示以阻斷壓力荷爾蒙腎上腺素活動的藥物治療時，便能終止或改善壓力後創傷症候群。

我們的記憶並不完美。Bartlett（1932）的早期發現與Loftus（Loftus, E. F., Feldman, J. & Dashiell, R., 1995）較近的研究顯示，脆弱的記憶很容易受到外力影響，甚至在特定的情境下，可能創造出完全虛構的「記憶」。Loftus的發現具有非常深遠的影響層面，尤其對於信賴或其他方面，所謂的目擊證詞。相

較之下，最深刻的回憶都是難以磨滅的，不論是源自密集的排演或強烈高漲的情緒烙印。

那些希望擁有更強的記憶力的人，或許該考慮一下超強記憶力的後果。小說家波赫士以生花妙筆刻劃出「博聞強記的富內思」（Funes the Memorious, Borges, J. L., 1962）的慘境；富內思擁有「像一座垃圾山」的回憶——其中堆滿難以分類的細微瑣事——簡直與盧力亞（1968）所報導的著名強記者S如出一轍，後者對他的一生始終不滿意。以精算萬年曆、描繪壯觀圖像，或塑造驚人的動物肖像等不凡稟賦而聞名的孤僻天才，卻付出了缺乏其他型態的記憶能力，或無法如正常人般平淡度日的代價。

本書中討論到某些值得一提的記事。另外，還有很多我未能提及的不同記憶觀點或論據，以及它們的神經基礎。我也推薦關於不同記憶面向的其他優秀著作，供讀者參考，這包括記憶的細胞機制（《記憶七罪》, Schacter, Daniel L., 2001, *From Conditioning to Conscious Recollection: Memory Systems of the Brain*（從條件制約到知覺回憶）, Eichenbaum, H. & Cohen, N. J., 牛津大學出版社, 2001）。

我們的生命，要求我們紀錄我們的經驗。就像我在本書一開始所說的，沒有了記憶，我們就無法按計畫登台——就此而言，或去任何地方。我們所保存的經驗構成了生存的基礎，很幸運的是，大多數時候，我們的腦都善盡職守，為我們完成了這些工作；在這一世紀有餘的時期裡，我們學到許多，關於我們的腦如何辦到這些，然而，尚有很多有待人們去發現。正如我們已經明白，記憶是很複雜的，我們的腦更是極其複雜。新的發現將需要新的理論，更非常有可能，需要新的技巧及方法。關於我們的大腦如何保留過去的

真實狀態，這些所需要的完整與詳盡闡釋，恐怕還不是眼前一蹴可及的最後書寫。

知識港口01

—

作者 詹姆斯·麥高（James L. McGaugh）
發行人 羅智成 | **譯者** 鄭文琦 | **主編** 劉耀甯 | **美術編輯·封面設計** 自轉星球 ECHO
法律顧問 永然聯合法律事務所 | **出版者** 財團法人靈鷲山般若文教基金會
地址 234台北縣永和市保生路22巷8號8樓 | **電話** (02) 8231-6789 | **傳真** (02) 2232-1010
統一編號 80625724 | **網址** books@ljm.org.tw | **印刷** 大勝印刷事業有限公司 | **電話** (02)-2226-8226

初版一刷 2005年8月 | **定價** 200元 | **ISBN** 957-98894-8-1

國家圖書館出版品預行編目資料

記憶與情緒：持久的記憶如何形成？／詹姆斯．麥高
(James L. McGaugh) 著；鄭文琦譯．
初版．－－台北縣永和市：靈鷲山般若基金,2005〔民 94〕
面： 公分 （知識港口;1)
譯自：Memory and emotion;the making of lasting memories
ISBN 957-98894-8-1（平裝）
1. 記憶 2. 情緒
176.33   94014185